すぐに作れて
毎日あそべる

CD-ROM付き

0・1・2歳児 かんたんシアター 28話

0・1・2歳児が楽しめる、
パネルシアター、ペープサート、それ以外のさまざまなシアターを集めました。
毎日の保育はもちろん、行事や誕生会などでもあそべる、楽しいお話が28話。
巻末のCD-ROMに収録したデータを使えば、すぐに作れます。

※この本は、保育情報誌「あそびと環境0.1.2歳」（2014～2022年）、「ピコロ」（2013～2019年）、年間購読付録（2014年、2016年）に掲載された記事・データを一部、改訂を加えて、再構成したものです。

CONTENTS

パネルシアター ……7

ペープサート・・・・・・・・・65

ユニークシアター・・・103

この本の使い方

年齢

このシアターを楽しめる子どもの年齢の目安を示しています。

CD-ROMに収録しているデータ

「パネルシアター」や「ペープサート」で使う絵人形や、「ユニークシアター」で使う物のPDFファイルの名前です。「カラー」は全作品のデータを収録。「モノクロ」は収録されているものと、いないものがあります。

カテゴリー＆インデックス

「パネルシアター」「ペープサート」「ユニークシアター」の3つに分けて紹介しています。

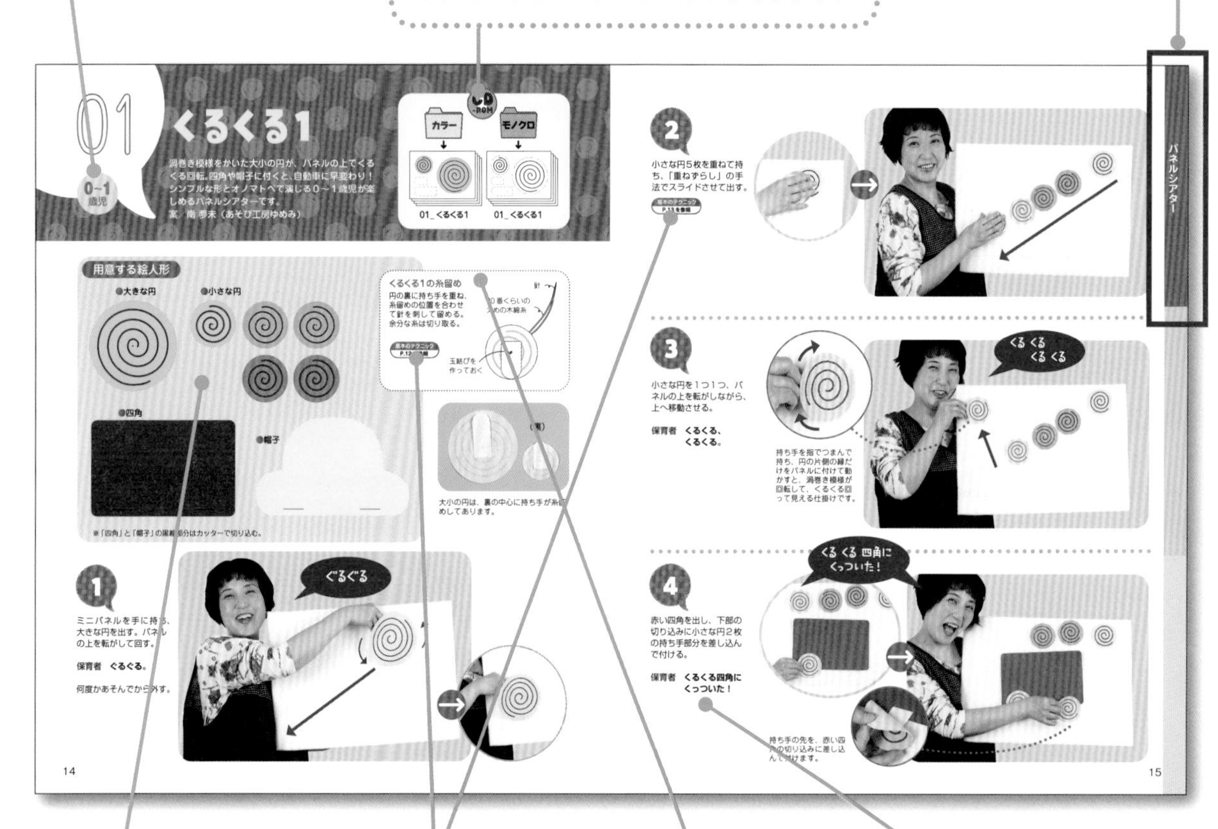

用意する絵人形（用意する物）

「パネルシアター」や「ペープサート」で使う絵人形や、「ユニークシアター」で使う製作物を紹介しています。

基本のテクニック

基本のテクニック P.12を参照

このマークが付いているテクニックは、P.11～13で紹介している「パネルシアター・基本のテクニック」で詳しく説明しているので、あわせてご覧ください。

絵人形の作り方

絵人形の基本的な作り方は、「パネルシアターのきほん（P.8~10)」と「ペープサートのきほん（P.66~70)」で紹介しています。ここでは、お話ごとに限っての特別な作り方を紹介しています。

演じ方

動かし方
演じているときの動作や動かし方を示しています。
せりふ
保育者（＝ナレーター）や登場人物のせりふです。役柄によって声色を変えると盛り上がります。

楽譜

歌を使って演じるシアターについては、メロディー譜を紹介しています。

歌詞

シアターの中で、歌いながら演じるときの歌詞です。

シアター名と用意する物の作り方

「ユニークシアター」は、それぞれのシアター名を掲載しています。また、用意する物もお話ごとに違うので、作り方を各ページで紹介しています。

CD-ROMのデータについて

巻末のCD-ROMに、それぞれのシアターで使う絵人形などのPDFデータを収録しています。カラーデータはプリントしてそのまま、モノクロデータは色を塗ったり、型紙として使ったりすることができます。

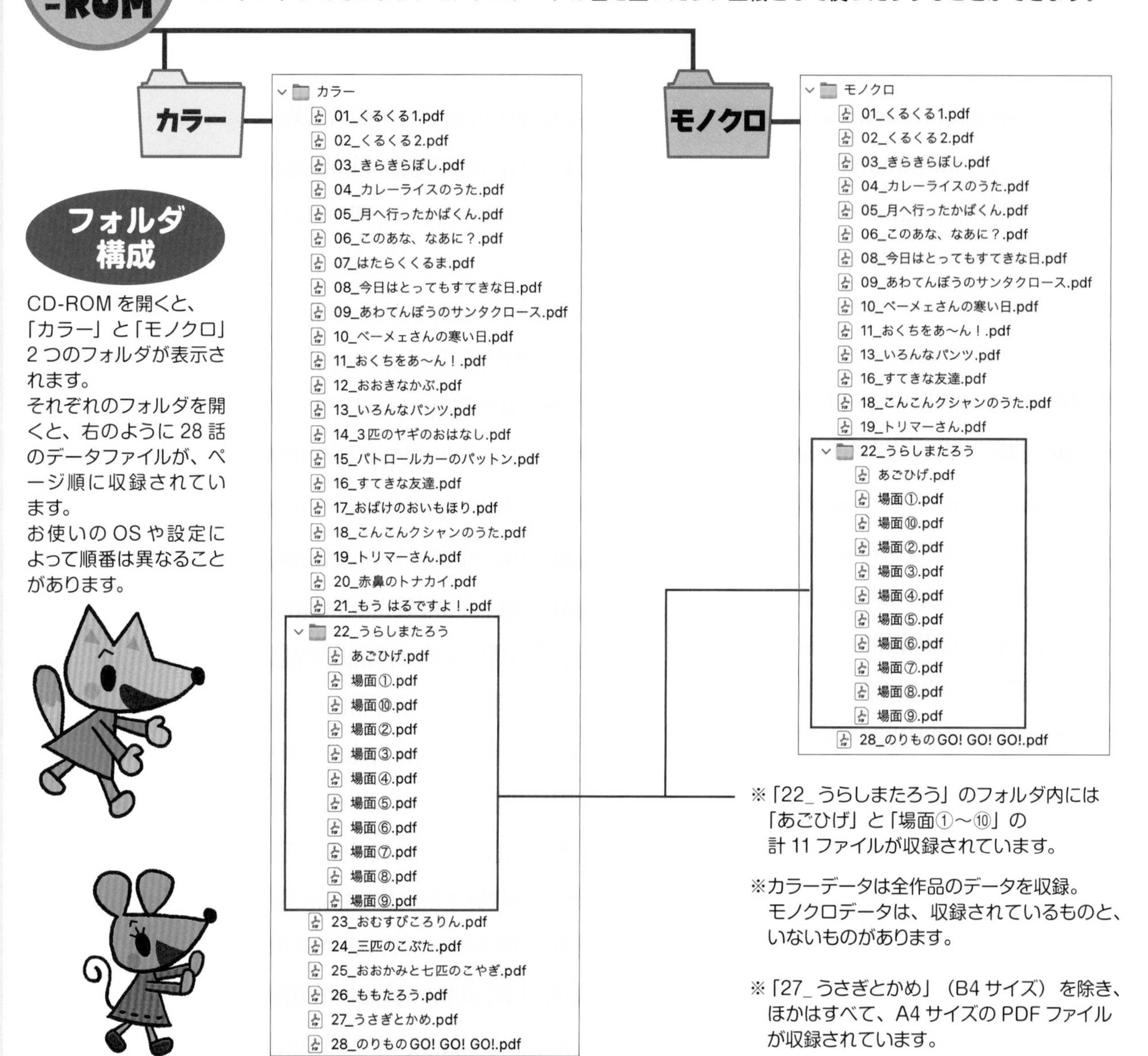

フォルダ構成

CD-ROMを開くと、「カラー」と「モノクロ」2つのフォルダが表示されます。
それぞれのフォルダを開くと、右のように28話のデータファイルが、ページ順に収録されています。
お使いのOSや設定によって順番は異なることがあります。

※「22_うらしまたろう」のフォルダ内には「あごひげ」と「場面①～⑩」の計11ファイルが収録されています。

※カラーデータは全作品のデータを収録。モノクロデータは、収録されているものと、いないものがあります。

※「27_うさぎとかめ」（B4サイズ）を除き、ほかはすべて、A4サイズのPDFファイルが収録されています。

ご使用になる前に必ずお読みください。

CD-ROMご使用上の注意

● PDFファイルをご覧いただくには、アドビシステム社のAdobe Reader（Ver7.0以上）、または、Adobe Acrobatが必要です。お持ちでない方は、アドビシステム社の公式ウェブサイトより、Adobe Readerをダウンロードしてください（無償）。

※ Adobe Readerは、Adobe Systems Incorporatedの登録商標です。

※本文中では®マークおよび™マークは省略しております。

●本CD-ROMをご利用になったことにより発生した直接的、間接的または波及効果によるいかなる損害に対しても、弊社および著作者は、一切の責任を負わないものとします。

【データの使用許諾と禁止事項】

●弊社は、本CD-ROMに収録されているデータのすべての著作権を管理しています。

●本CD-ROMに収録されたデータは、購入された個人、法人・団体が私的範囲および施設範囲内で営利目的以外で自由にお使いいただけます。

●以下のことでのご使用はできません。
園児などの募集、園（施設、団体）のPR、販売を目的とした出版物、私的および施設範囲を超えた出版物、ホームページなどのすべてのウェブサイト。

●使用権者であっても、本CD-ROMに収録されているデータを複製したものを、転載、貸与、販売、賃貸、頒布することを禁止します。

●本CD-ROMは図書館およびそれに準ずる施設において、館外へ貸し出すことはできません。

パネルシアター

パネルシアターは、不織布で作った絵人形を、
フランネルなどの毛羽立ちのよい布地をはったパネルに
付けたり、移動したり、外したりしてお話を展開します。
CD-ROM 収録のカラーデータをプリントすれば、
すぐに子どもたちと楽しめます。

パネルシアターのきほん

絵人形の動かし方

絵人形をはるとき、外すときは、慌てず丁寧に。パネルにはった絵人形は、意味のあるときだけ動かします。

演じ方

保育者が楽しそうに演じることがいちばん！子どもたちに話しかけたり、歌をうたったり。たくさんふれあいながら、あそびましょう。

演じ手の位置

右利きの人はパネルに向かって右側、左利きの人は左側から絵人形を出し入れすると操作しやすいでしょう。

パネルの位置

テーブルの上に積み木や重しを入れた箱などを置き、パネルを少し斜めにしてガムテープで固定します。絵人形は後ろに順番に重ねておきます。窓を背にするときは、逆光で見にくくならないように注意して。

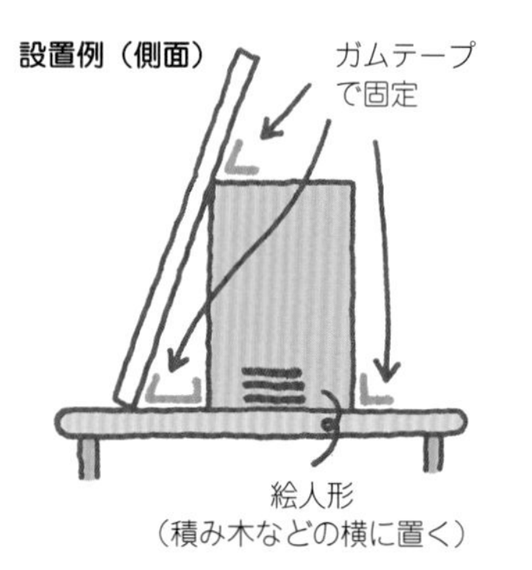

パネル

パネルシアターの舞台は、パネルシアター用パネル布またはフランネル地（ネル地）を、段ボール板やスチロールパネルにはって作ります（基本サイズ＝ 80 × 110cm）。0·1·2 歳児向けには、基本の半分や、手に持って演じられるサイズがいいでしょう。

子どもの気が散らないように、後ろに物があったり、人が通ったりしない場所で演じましょう。低めの台に設定すると見やすいです。

子どもに近い距離で演じることが多いので、手に持って演じられる小さめサイズも便利です。パネルの端を体に当てるように持つと安定します。

- 0·1·2 歳児向きのサイズ　55 × 80cm
- 手持ちに便利なサイズ　40 × 55cm

絵人形

パネルシアター用不織布に絵を印刷したり、描いたりして切り取ります。子どもの描いた絵や写真を不織布にはってもいいでしょう。

絵の細かいところは余白を残して、滑らかなカーブでつないで切ります。

イラストの輪郭線は太いほうが、離れて見るときにわかりやすいでしょう。

着色は、ポスターカラーや水彩絵の具などで。全しんソフト色鉛筆でもOK。

線や形はシンプルに、着色は、はっきりした色にするとわかりやすいでしょう。食べ物や動物、おもちゃなど、身近な物をテーマに。

※両面使いの絵人形には、クレヨンなどパネルに色移りしてしまう描画材は向きません。

絵人形の作り方　カラーデータを不織布に印刷して

CD-ROMに収録されているイラストのPDFデータを、インクジェットプリンタ専用不織布に直接印刷して切り取ります。

＊注意　必ずインクジェットプリンタを使用してください。不織布をレーザープリンタやコピー機で印刷すると、故障の原因になります。

インクジェットプリンタ専用不織布に直接印刷した物

点線に沿って、細かい部分は余白を残して切り取る。

絵人形の作り方　モノクロデータを型紙として利用して

CD-ROM収録のモノクロデータを型紙として使用することができます。

用意する物

- パネルシアター用不織布
- ポスターカラー、または絵の具などの着色画材
- 油性フェルトペン・黒（細・中太）
- はさみ
- 鉛筆

①

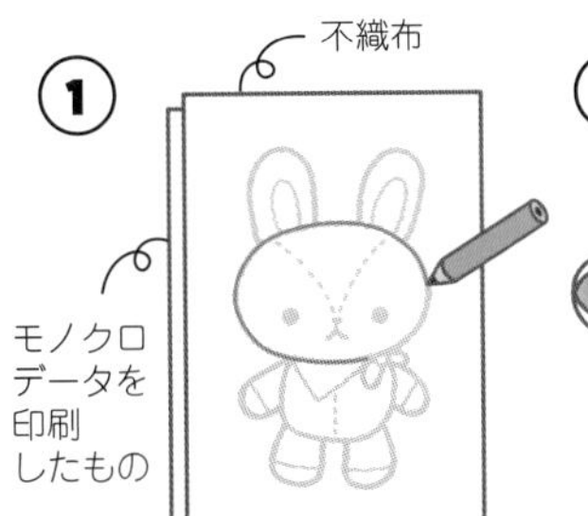

モノクロデータを印刷したものの上に不織布を重ね、絵を鉛筆で写し取る。

②

ポスターカラーなどで着色する。隣に異なる色を塗るときは、先に塗った色が乾いてから。

③

よく乾いたら、油性フェルトペンで縁取りする。

④

細かい部分は、余白を残して切り取る。

●基本サイズ　80 × 110cm
●0・1・2 歳児向きのサイズ　55 × 80cm
●手持ちに便利なサイズ　40 × 55cm

用意する物

- 厚手の段ボール板、または
  スチロールパネル
- パネルシアター用パネル布
  またはフランネル地（白）
- 木工用接着剤
- 布ガムテープ
- はさみ

1

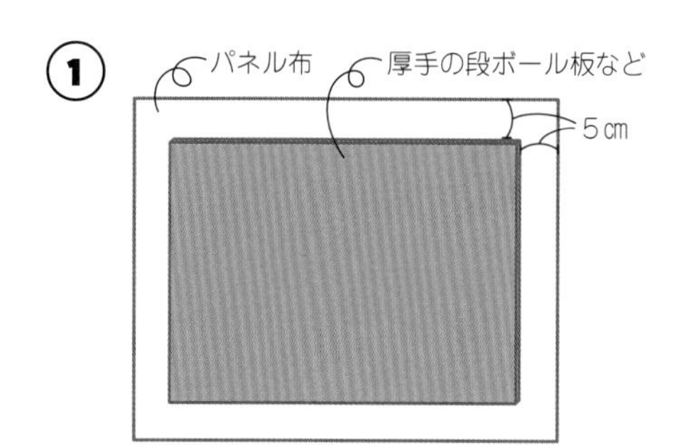

パネル布を、上下左右とも板より5cm 程度大きく切ります。

2

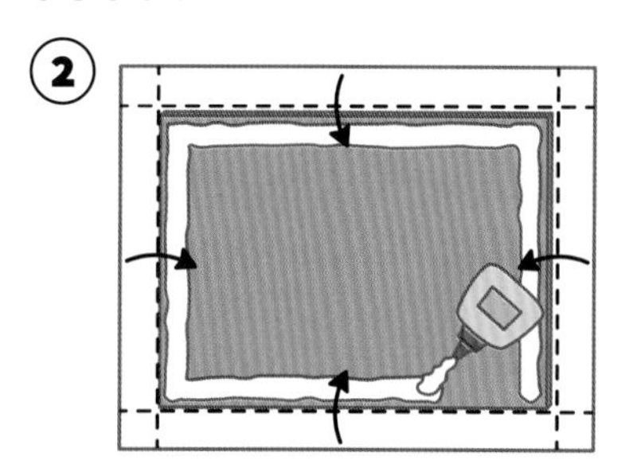

板の周囲に接着剤を塗り、布をぴんと張ってはります。

3

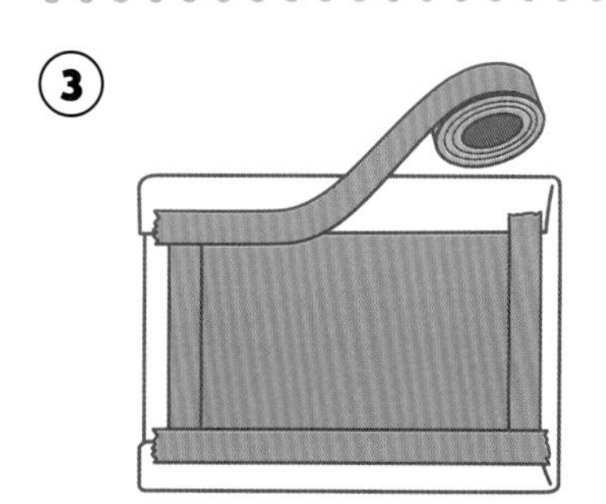

布ガムテープで周囲をはり留めます。

手持ち用ミニパネルなら

●ミニパネルの裏に
クリアホルダーを付けておくと便利

パネルの裏に、クリアホルダーをはっておくと、演じるときに絵人形が入れておけるので便利です。絵人形は、パネルに出す順番に重ねて、入れておきましょう。

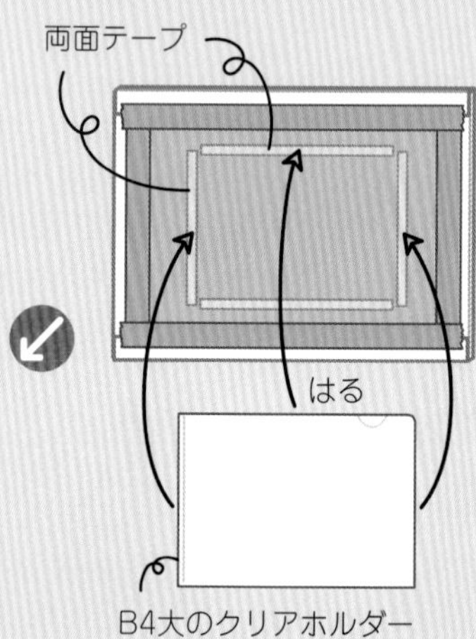

●ミニパネルの下側に
平ゴムの輪を
はめておくと便利

下の写真のように平ゴムの輪に指を掛けると、持ちやすいでしょう。

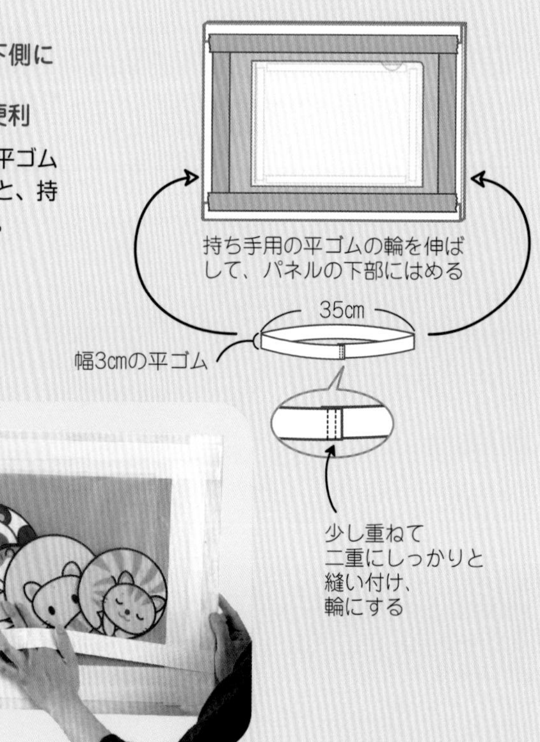

パネルシアター・基本のテクニック

パネルシアターは、お話の進行に合わせて絵人形をはっていくだけでも楽しいものですが、場面に合わせていろいろな仕掛けを取り入れることで、さらに楽しいものになります。ここでは、基本の仕掛けについて、そのテクニックをいくつか紹介します。

表裏両面使い

表と裏、両面に違った絵があると、表現の幅が広がります。厚口の不織布で作った絵人形２枚を不織布用のりや木工用接着剤ではり合わせ、表情や体の向きを変えたり、お話の展開に合わせて、全く別の物に変身させたりします。

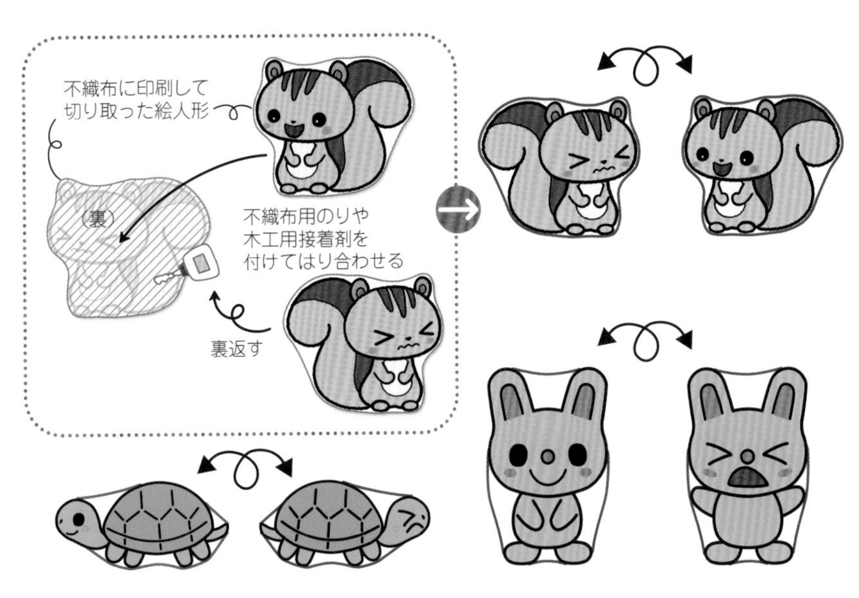

重ねばり

不織布同士を重ねても、くっつかずに落ちてしまうので、絵人形の上に別の絵人形を重ねてはりたいときは、上になる絵人形の裏に、パネル布（またはフランネル地）を木工用接着剤ではっておきます。これを裏打ちと言います。

※不織布同士の接着には、不織布用のりや木工用接着剤、不織布とパネル布の接着には木工用接着剤を使います。

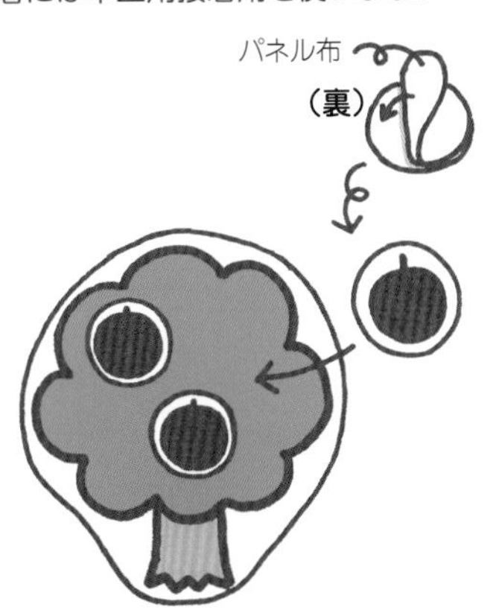

木の幹に重ねてはる穴は、パネル布で裏打ち（木工用接着剤ではる）しておきます。

パネルシアター・基本のテクニック

切り込み ＆ ポケット

絵人形に切り込みを入れ、その切り込みに別の絵人形を差し込んだり、引っ掛けたりします。また、絵人形の裏にパネル布で袋を作っておき、絵人形の切り込みから別の絵人形を出し入れします。

切り込み

線の部分をカッターで切り込みます。
切り込み部分に男の子を入れられます。

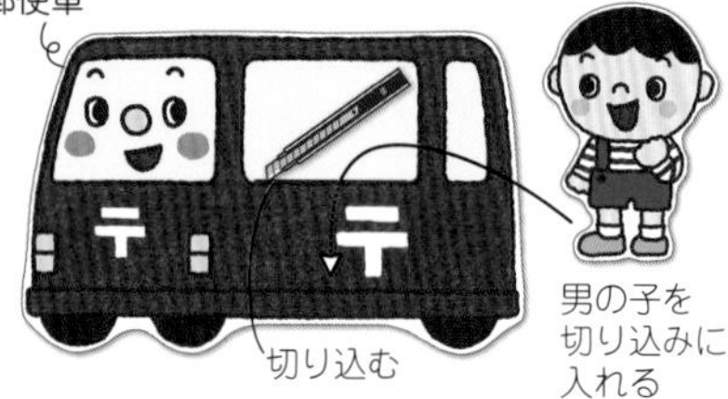

袋ばり

斜線部分に木工用接着剤を付け、はり合わせるとポケット状になり、男の子の頭にかぶせることができます。

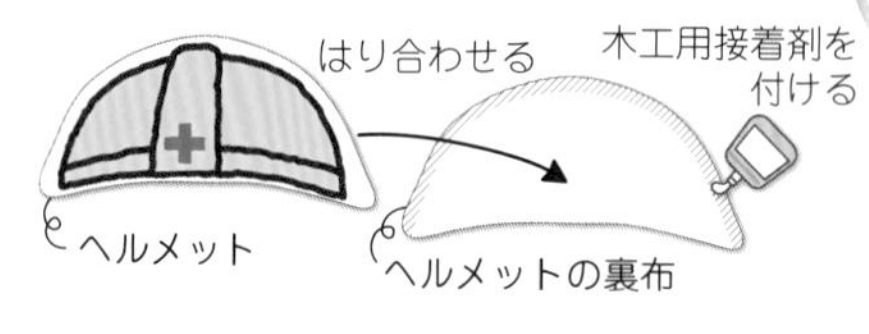

ポケット

絵人形の中から別の絵人形を出したいときは、不織布でポケットを付けておきます。

ポケット口は、上から1～2cm、接着剤を付けないようにすると、出し入れがしやすくなります。

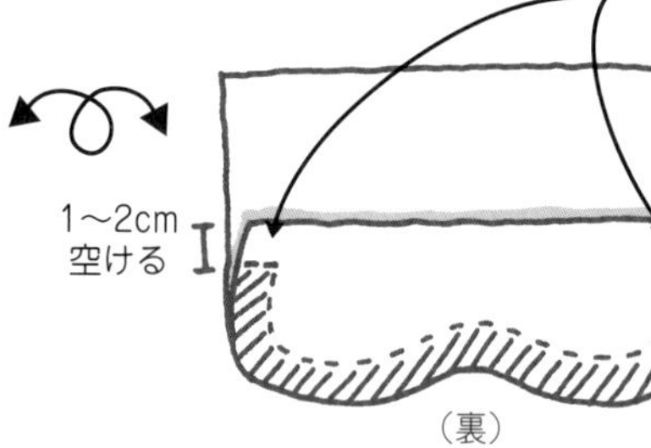

糸留め

絵人形の体のパーツ（手足やしっぽなど）や物のパーツ（はたらくくるまの荷台など）を部分的に動かしたいときに使う方法。動かしたい部分を別に作り、少し重ねて糸を1回だけ通し、糸留めして固定します。

回る仕掛け

丸いネコの体の中心に持ち手を兼ねたしっぽが糸留めしてあります。

持ち手（ネコのしっぽ）を指でつまんで持って動かすと、動物の絵が回転して、くるくる回って見える仕掛けです。

ぶらぶら動く仕掛け

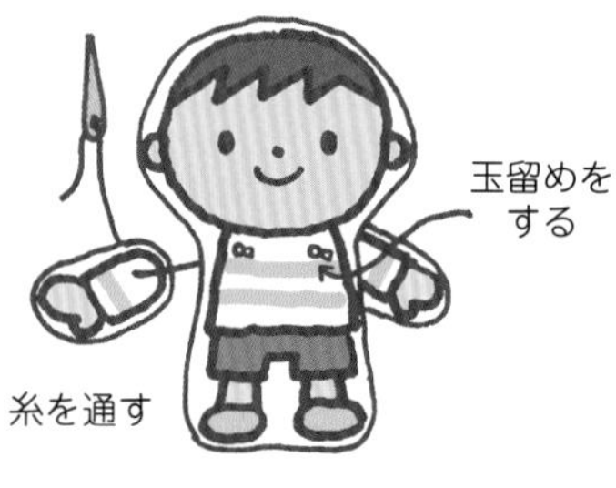

子どもの両腕を糸留めして、ぶらぶら動くようにします。

サンタクロースの片腕と一体化した両足を糸留めして、ぶらぶら動くようにします。

荷台を動かす仕掛け

ダンプカーの荷台を糸留めし、その部分を支点にして動かします。

重ねずらし

何枚かの絵人形を重ねて手に持ち、それをサーッとパネルに広げていく手法です。手のひらに収まるようなサイズの絵人形をスライドさせて出すと、子どもたちの目には不思議な手品のように映ります。

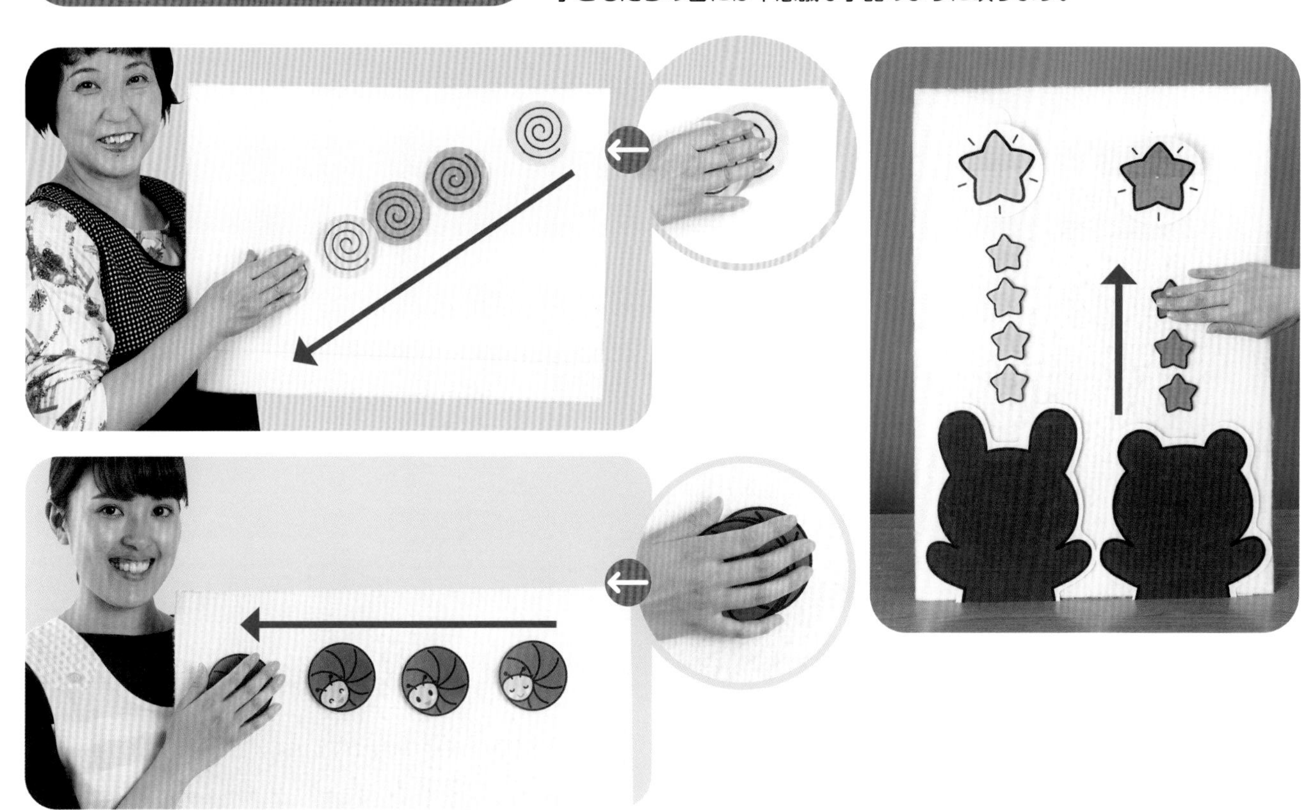

引っ張り出し

何枚かの絵人形を糸留めしてつなぎ、重ねてあったのを1枚ずつ引っ張り出して見せます。

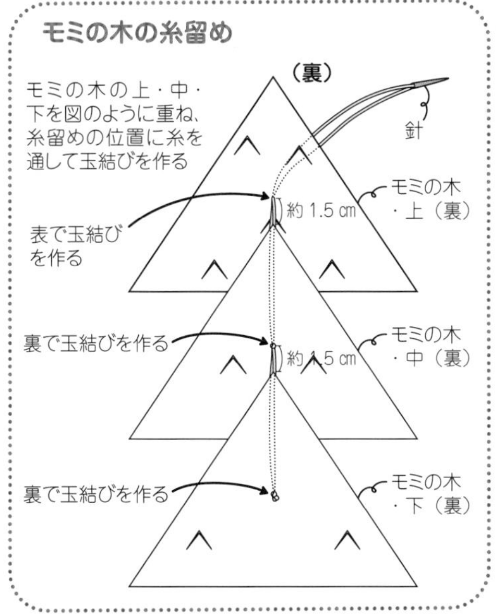

糸留めしてつないだモミの木の上・中・下の三角を重ねて、ミニパネルの下部にかぶせたパネル布のポケットの中に収納しておき、上の三角を少しずつ引っ張り出して見せます。

くるくる1

0~1歳児

渦巻き模様を描いた大小の円が、パネルの上でくるくる回転。四角や帽子に付くと、自動車に早変わり！シンプルな形とオノマトペで演じる0～1歳児が楽しめるパネルシアターです。
案／南 夢未（あそび工房ゆめみ）

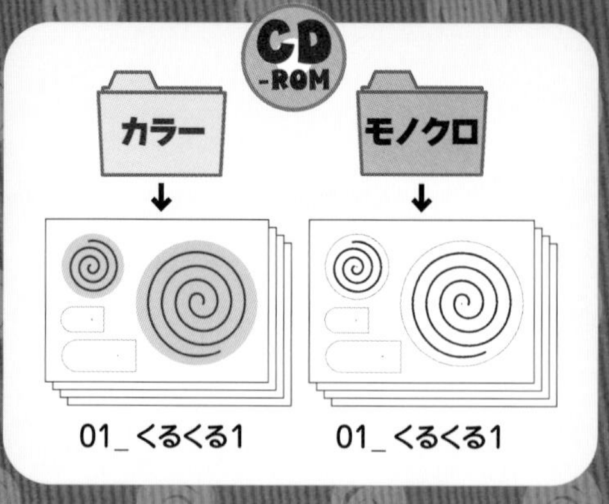

用意する絵人形

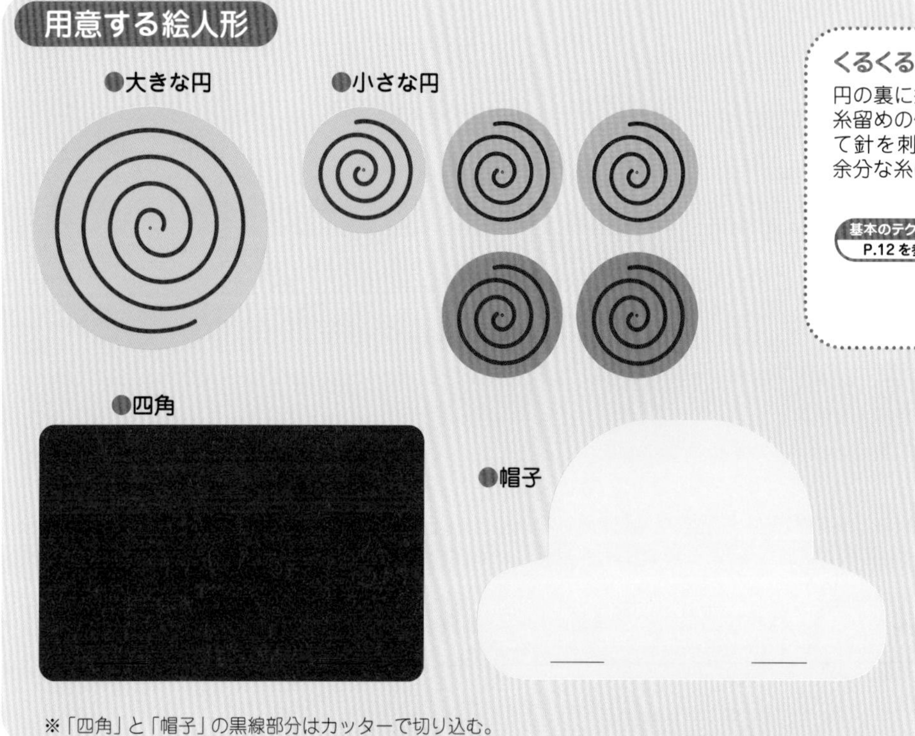

※「四角」と「帽子」の黒線部分はカッターで切り込む。

くるくる1の糸留め

円の裏に持ち手を重ね、糸留めの位置を合わせて針を刺して留める。余分な糸は切り取る。

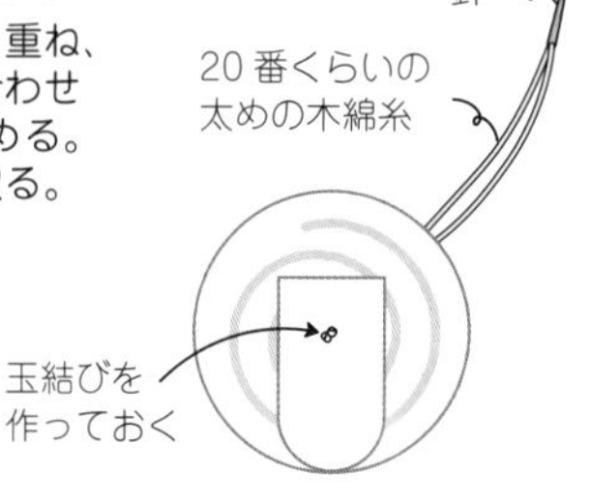

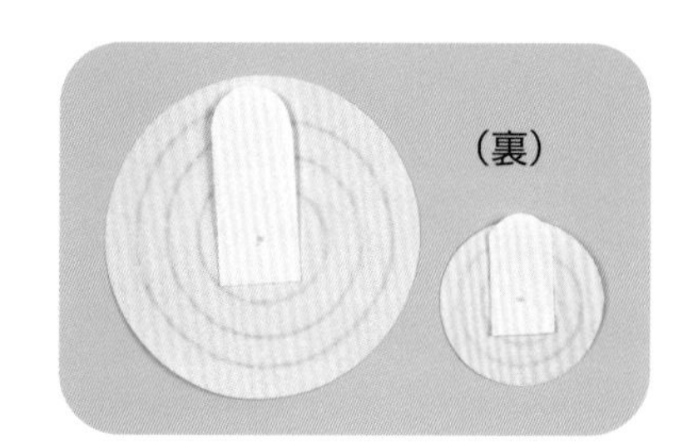

大小の円は、裏の中心に持ち手が糸留めしてあります。

ミニパネルを手に持ち、大きな円を出す。パネルの上を転がして回す。

保育者　ぐるぐる。

何度かあそんでから外す。

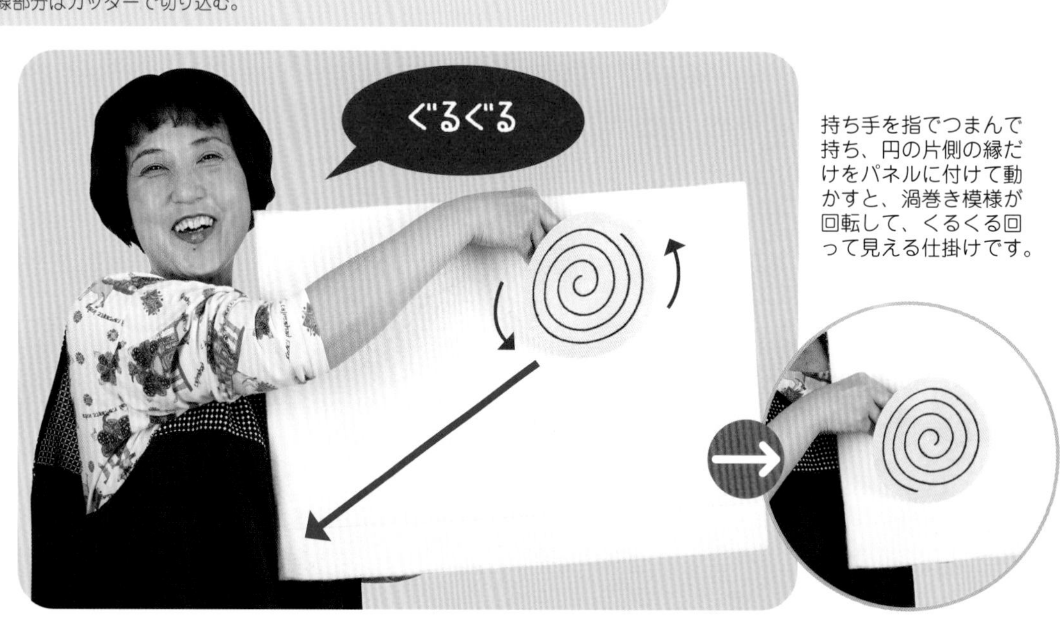

持ち手を指でつまんで持ち、円の片側の縁だけをパネルに付けて動かすと、渦巻き模様が回転して、くるくる回って見える仕掛けです。

2

小さな円５枚を重ねて持ち、「重ねずらし」の手法でスライドさせて出す。

基本のテクニック
P.13を参照

小さな円を１つ１つ、パネルの上を転がしながら、上へ移動させる。

保育者　**くるくる、くるくる。**

大きな円と同様に、持ち手を指でつまんで持ち、円の片側の縁だけをパネルに付けて動かすと、渦巻き模様が回転して、くるくる回って見える仕掛けです。

赤い四角を出し、下部の切り込みに小さな円２枚の持ち手部分を差し込んで付ける。

保育者　**くるくる四角にくっついた！**

持ち手の先を、赤い四角の切り込みに差し込んで付けます。

赤い四角を持って、パネル上を左右に動かす。

保育者　ブッブー
発車しま〜す！

何度かあそんでから外す。

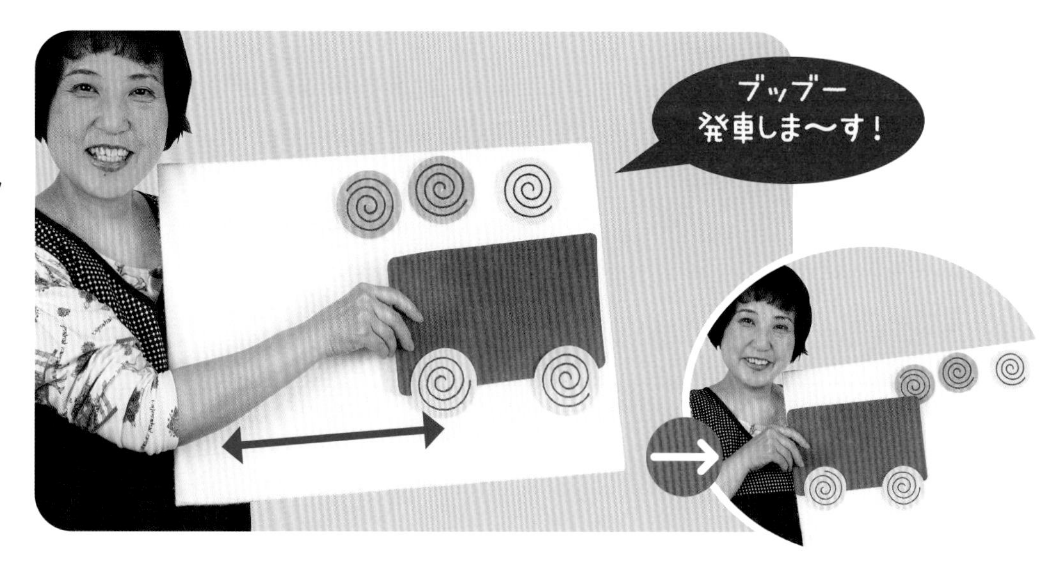

黄色い帽子を出して、かぶっているように頭に当てる。

保育者　黄色い帽子だよ。

帽子下部の切り込みに小さな円2枚の持ち手部分を差し込んで付ける。黄色い帽子を持って、パネル上を左右に動かす。

保育者　くるくる帽子に
くっついて、
ブッブー
ブッブー。

何度かあそんでから外す。

おしまい

絵人形製作／たけなかさおり　作り方イラスト／小早川真澄　出演／南 夢未

くるくる 2

ネコ、キツネ、ハリネズミ、ダンゴムシが、丸くなってくるりんくるくる……。転がる動きが楽しいパネルシアター。最後はパンダさんが……どって〜ん！転がすときは、オノマトペに合わせて、速さや転がし方に変化を付けましょう。

案／南 夢未（あそび工房ゆめみ）

02_ くるくる 2　02_ くるくる 2

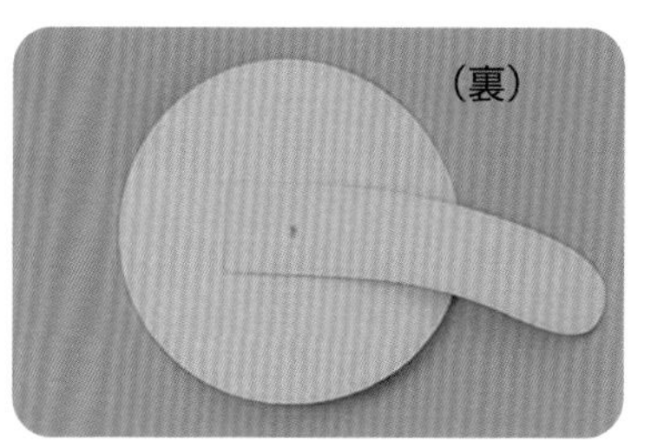

各絵人形は、円の中心にしっぽや持ち手を糸留めしておきます。

基本のテクニック P.12 を参照

ネコを出す。パネルの上を転がして回す。

保育者　**ネコちゃんが、ころん、ころん、ニャー！**

何度かあそんでから外す。

持ち手（ネコのしっぽ）を指でつまんで持ち、円の一方の縁だけをパネルに付けて動かすと、くるくる回って見える仕掛けです。

キツネを出す。パネルの上を転がして回す。

保育者　キツネちゃんが、ころん、ころん、コーン！

何度かあそんでから外す。

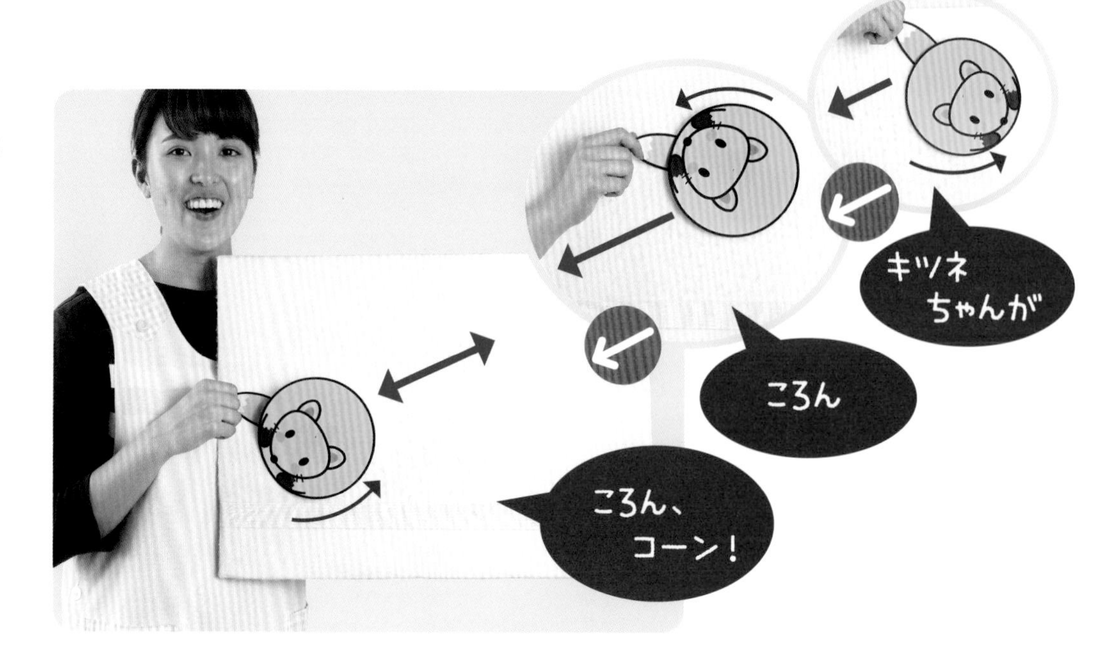

ハリネズミ１匹を出し、パネルの上を転がす。

保育者　ハリネズミちゃんが、くるりんちくりん。

２匹目のハリネズミを出し、パネルの上を転がして、１匹目にぶつける。

保育者　くるりんちくりん、コツン！

保育者　おっととと！　おっとびっくり！
ぶつかったハリネズミを逆回しで外す。

次に最初の１匹を逆回しで外す。
保育者　くるりんちくりん、くるりんちくりん。

ダンゴムシ４枚を重ねて持ち、「重ねずらし」の手法でスライドさせて出す。

基本のテクニック
P.13 を参照

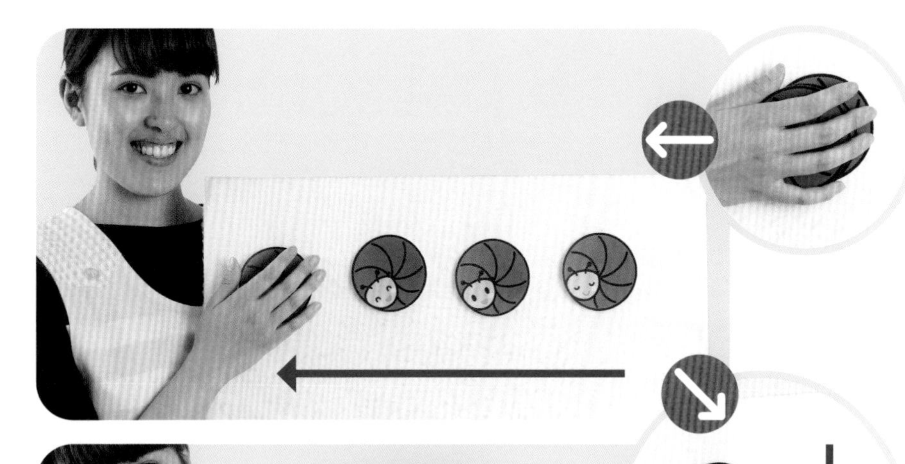

４匹のダンゴムシを１匹ずつ順に、持ち手を持って転がし、下へ移動させる。

保育者　**ダンゴムシさんが、**
ころころころりん。
ころころころりん。
ころころころりん。
ころころころりん。

４匹を移動し終わったら、
ダンゴムシを外す。

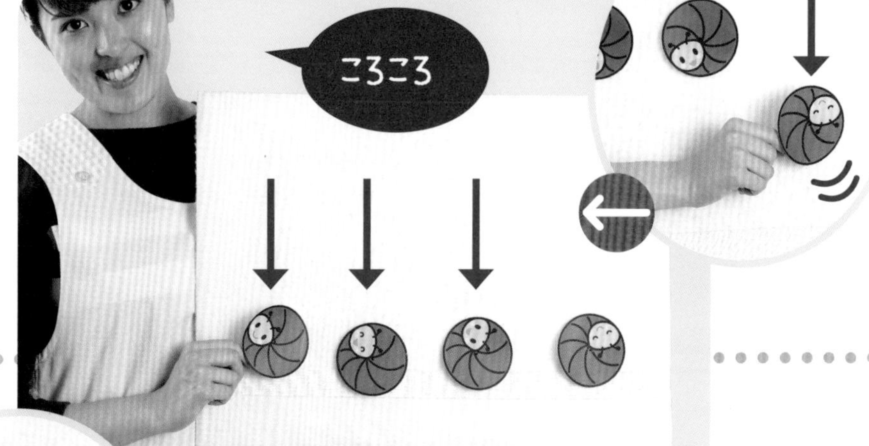

パンダを出し、
パネルの上で左右に揺らす。

保育者　**パンダちゃんが、**
ぐるっ!?
ごろっ!?

半回転させながら。
保育者　**どって〜ん！**

おしまい

絵人形イラスト・製作／いとう・なつこ　出演／吉村瑠莉（クラージュ）

03 きらきらぼし

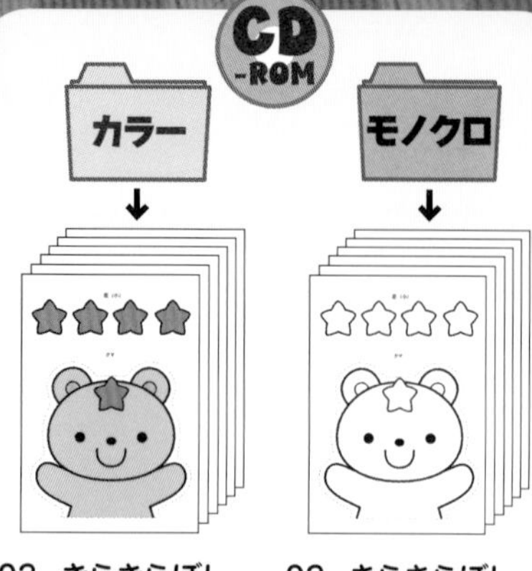

0~2歳児

おなじみの「きらきらぼし」の歌に合わせて演じるパネルシアターです。歌いながら、きらきらまたたく星空を作りましょう。

案／南 夢未（あそびエ房ゆめみ）

用意する絵人形

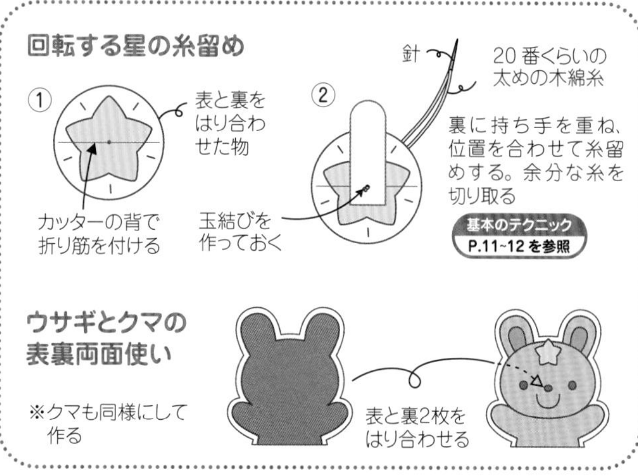

歌詞1番

♪きらきらひかる

歌いながら、回転する星をパネルの上に出し、くるくる回す。

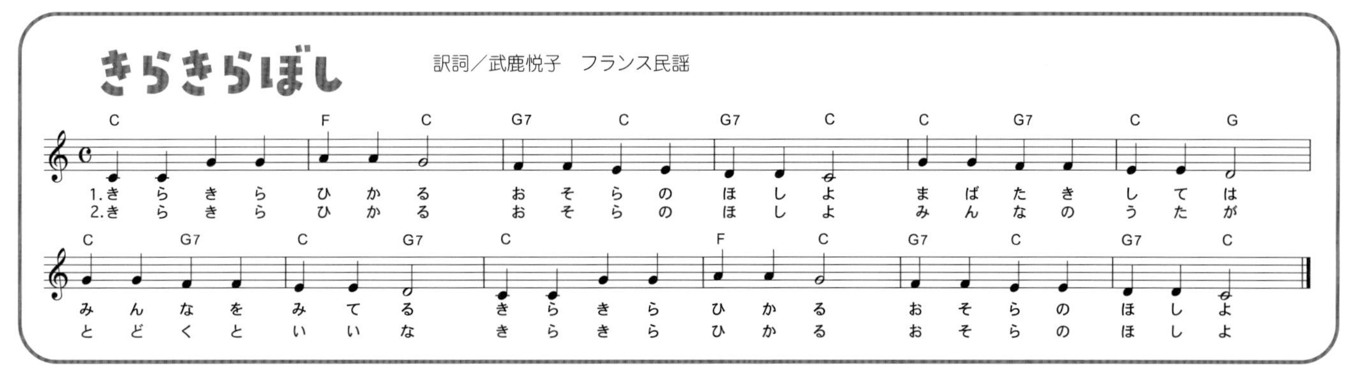

♪おそらのほしよ

もう１つの回転する星を、パネルの上でくるくる回す。

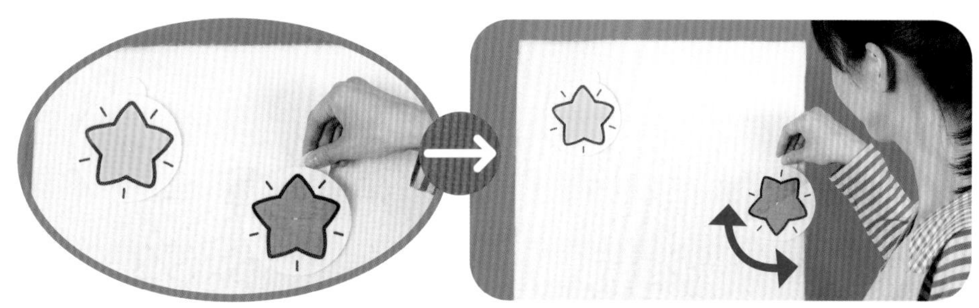

♪まばたきしては

回転する星2つを順に半分に折ってから、元に戻して、まばたきしているように見せる。

星（小）は4個重ねて用意しておき、パネルに載せて軽く押さえながら、手でパネルを撫でるようにずらして広げます。

♪みんなを

ウサギの後ろ姿を出してはり、ウサギの上に星（小）４個を下から上へ「重ねずらし」で出す。

♪みてる

クマの後ろ姿を出してはり、クマの上に星（小）４個を下から上へ「重ねずらし」で出す。

5 ♪きらきらひかる おそらのほしよ

ウサギとクマを表に返し、頭に星がついた顔にしてから、回転する星の持ち手を持って、パネルの上でくるくる回す。

6

歌詞２番

♪きらきらひかる おそらのほしよ

ウサギとクマの上に出した星（小）を回転する星の周りに動かして散らす。

7 ♪みんなのうたが とどくといいな

糸でつないだ音符を重ねて出し、「引っ張り出し」のテクニックで引っ張って動かし、引っ込める。

基本のテクニック P.13を参照

8

♪きらきらひかる おそらのほしよ

１番の❶❷と同様に回転する星をパネルの上でくるくる回す。

おしまい

音符の糸つなぎ

木綿糸を挟んで音符と同じ形の白い不織布をはり合わせてつなぐ

 絵人形製作／やべ りえ　作り方イラスト／高橋美紀　出演／中西加奈（クラージュ）

04 カレーライスのうた

1~2歳児

「カレーライスのうた」に合わせて、ミニパネルのおなべに、具材の絵人形をはってカレーを作りましょう。２歳児なら、保育者の後を追いかけて歌ったり、順番に絵人形をはったりしてもあそべます。
案／乳児造形研究会

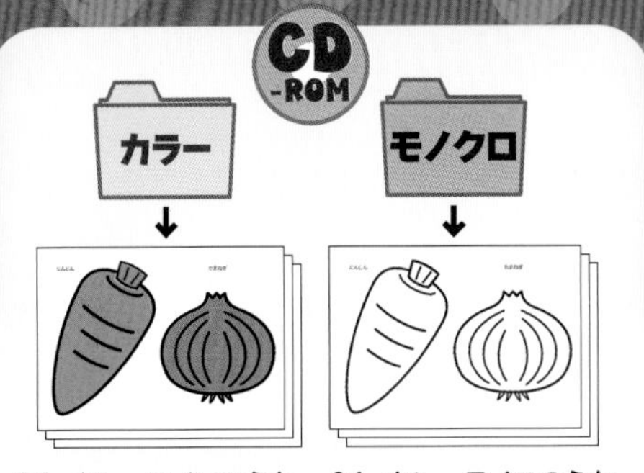

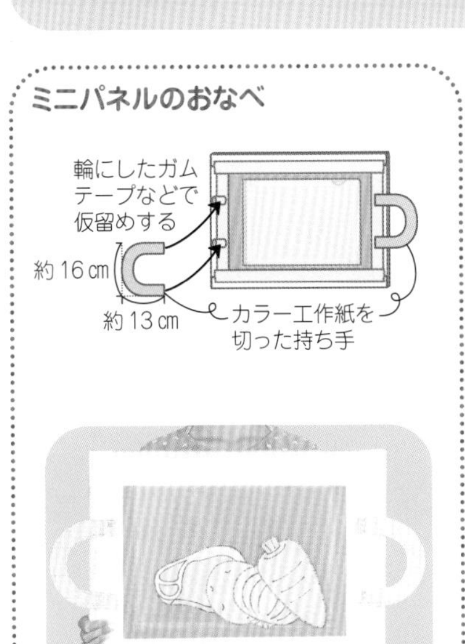

ミニパネルの裏に、両面テープなどでB4大のクリアホルダーをはり付けておくと、絵人形が入れられるので便利。絵人形は、パネルに出す順番に重ねて、入れておきます。

1 ミニパネルのおなべを出して見せ、子どもたちに話しかける。
保育者　今日はみんなで、カレーを作るよ。

ミニパネルのおなべの後ろ側から、にんじんを少しだけ見せて、子どもたちに話しかける。
保育者　最初に入れるのは、何かな？
にんじんかな？

子どもとのやり取りを楽しんだ後、にんじんを出して、ミニパネルのおなべにはりながら歌う。

♪にんじん（にんじん）

♪たまねぎ（たまねぎ）

歌いながら、たまねぎを出して、ミニパネルのおなべにはり、指さす。

♪じゃがいも（じゃがいも）

歌いながら、じゃがいもを出して、ミニパネルのおなべにはり、指さす。

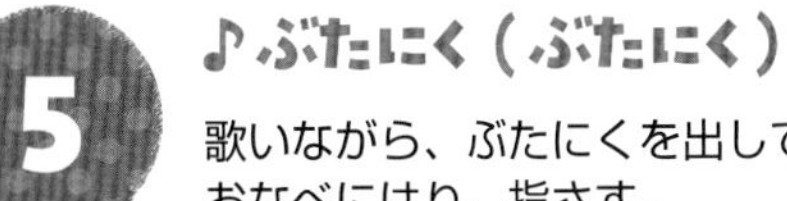

♪ぶたにく（ぶたにく）

歌いながら、ぶたにくを出して、ミニパネルのおなべにはり、指さす。

♪おなべで（おなべで）
いためて（いためて）

歌いながら、片方の手をフライ返しに見立てて、絵人形の上でいためる動作をする。

♪ぐつぐつにましょう

両手でミニパネルのおなべを持ち、左右に揺らしながら歌う。

にんじん、たまねぎ、じゃがいも、ぶたにくをパネルから外し、ミニパネルの持ち手は、裏側に折って隠す。カレーライスをはって指さしながら。

保育者　**おいしいカレーライスができたよ！**

おしまい

05 月へ行ったかばくん

2歳児

月へ行って餅つきをするファンタジックなストーリー。かばくんとママの、ほのぼのとした会話も魅力的なお話です。
案／山本省三

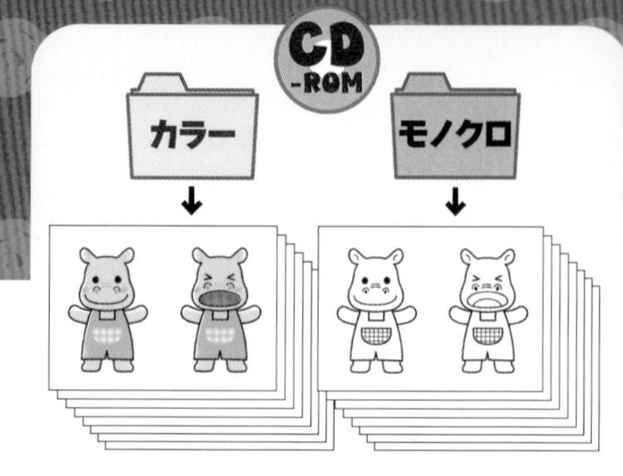

※かばくんのママ、月、大皿、袋も同様に表と裏をはり合わせて作る

かばくん（表）に月見だんご、かばくんのママ（表）にススキを持たせて出す（あらかじめススキの裏に綿毛を隠しておきます）。

かばくんのママ　**さあ、かばくん、今夜は十五夜。お月見の用意をしましょうね。**

かばくん　**ねえ、ママ、お月見にはどうしておだんごをお供えするの？**

月見だんごとススキを下にずらす。

かばくんのママ　**それはね、秋にはいろいろな
おいしい食べ物が採れるでしょ。
畑や田んぼを見守ってくれた
お月さまのおかげですという、
お礼の気持ちからなのよ。**

月（表）を上のほうに出す。

かばくんのママ　**ほら、真ん丸お月さまが
昇ってきたわ。**

かばくん　**あれれ、月にウサギがお餅を
ついている影が見えるよ。**

かばくんのママ　**ウサギも食べ物が
たくさん採れたお礼に
月へ行って、お餅をついているのよ。**

かばくん　**へえ、じゃあ、ついたお餅は
お月さまが食べるんだ。
僕も月に行ってみたいなあ。**

かばくん　**それじゃあ、
ススキはどうして飾るの？**

かばくんのママ　**ススキは、お米が採れる稲に
似ているでしょ。
お米ができるのは少し先だから、
稲の代わりにお供えするの。**

かばくん　**ふーん。**

かばくんのママ　**あらら、かばくんの鼻息で
ススキの穂から綿毛が
飛び出したわ。**

ススキの後ろから綿毛を引き出す。

かばくんを裏返し、
綿毛をかばくんの顔に掛ける。

かばくん　**わあ、綿毛が鼻に入ったよ。**
ハッ、ハッ、ハーックション！
ひゃあ、くしゃみのせいで、
体がロケットみたいに
飛んでいくー！

かばくんを月に向かって
飛んでいくように動かしてから下げる。

絵人形を全部下げ、かばくん（表）とウサギ、
うすを出して、手にきねを重ねてはる。

ウサギ　**かばくん、月へようこそ！**
かばくん　**わあい、月まで飛んできちゃった。**
お餅つき、手伝うよ。
ウサギ　**ありがとう。ぺったん、ぺったん。**
かばくん　**ぺったん、ぺったん、楽しいな。**

うすときねを下げ、かばくんとウサギの
間に大皿（表）を出す。

ウサギ　**かばくんのおかげで、**
すてきな形の
お餅がいっぱいできたわ。
かばくん　**じゃあ、お月さまに**
食べてもらおうよ。

大皿を裏返す。

月　**まあ、なんておいしい**
お餅なんでしょう。
ごちそうさま。

絵人形を全部下げ、
かばくんのママ（裏）と月（裏）を出す。

かばくんのママ　**まあ、かばくん、**
月でお餅つきをしているのね。
かばくんがいないと、寂しいわ。
かばくーん、
早く帰っていらっしゃーい！

かばくんのママを下げ、月を表に返す。
袋（表）を持ったかばくん（表）を
流れ星に乗せて出す。

かばくん　**ママー、お月さまのそばを通った**
流れ星に乗って帰るねえ！
ヒューン！

かばくんのママ（表）を出し、流れ星を下げる。
袋を持ったかばくんをかばくんのママのそばに
移動させ、袋を裏返す。

かばくん　**ママ、ただいま。**
月からのお土産だよ。はい。
かばくんのママ　**わあ、月でついた**
お餅のおだんごね。
かばくん　**おいしいから食べてみて。**
かばくんのママ　**まあ、すばらしい**
お月見になったわね。
かばくん　**うん！**

おしまい

絵人形イラスト／しぶたにゆかり　作り方イラスト／高橋美紀　出演／鹿島香織

06 このあな、なあに？

1~2歳児

大きな木の上にある穴を、のぞいてみたくて仕方がないカメさん。そこへ次々と友達がやってきて……。カメさんは、穴をのぞくことができるのかな？
案／入江浩子

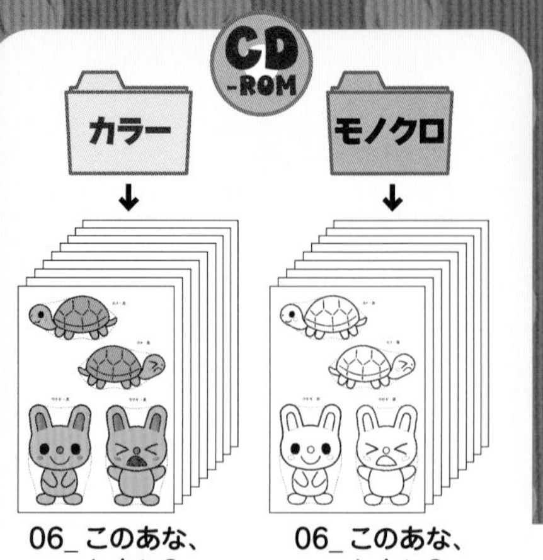

06_このあな、なあに？　06_このあな、なあに？

用意する絵人形

1

机の上に設置したミニパネルに、木の幹と葉を出し、木の幹には、穴を重ねばりしておく。

保育者　大きな木があるよ。

カメ（表）を出し、
木の幹の穴を指さす。

カメ　**うわあ、大きな木！**
あれ、穴が空いている。
ちょっと
のぞいてみよう。

木の幹を登ろうとするように
カメを動かす。

カメ　**よいしょ、よいしょ。**
よいしょ、よいしょ。
う～ん、登れないよ。

ウサギ（表）を出す。

保育者　**そこへウサギがやってきました。**
ウサギ　**カメさん、何しているの？**
カメ　**この木の上にある穴を**
のぞいてみたくって。
ウサギ　**そうなんだ。じゃあ、**
私の頭に乗ったら見えるかも！
カメ　**ありがとう。よいしょ、よいしょ。**

ウサギの上にカメを乗せて。

ウサギ　**ど～お？**
カメ　**……見えない。**

キツネ（表）を出す。

保育者　**そこへキツネが**
やってきました。
キツネ　**カメさん、ウサギちゃん、**
何しているの？
カメ　**この木の上にある穴を**
のぞいてみたくって。
キツネ　**そうなんだ。じゃあ、**
私の頭に乗ったら
見えるかも！
カメ　**ありがとう。**
よいしょ、よいしょ。

ウサギとカメを外し、キツネの
上にウサギとカメをはり直す。

キツネ　**ど～お？**
カメ　**……見えない。**

クマ（表）を出す。
保育者　**そこへクマがやってきました。**
クマ　**カメさん、ウサギちゃん、キツネさん、何しているの？**
カメ　**この木の上にある穴をのぞいてみたくって。**
クマ　**そうなんだ。じゃあ、私の頭に乗ったら見えるかも！**
カメ　**ありがとう。よいしょ、よいしょ。**

ウサギとカメ、キツネを一度外し、クマの上にキツネ、ウサギ、カメを順にはり直す。
クマ　**ど～お？**
カメ　**……見えない。**

6

ゴリラ（表）を出す。
保育者　**そこへゴリラがやってきました。**

指さしながら、名前を呼んで尋ねる。
ゴリラ　**カメさん、ウサギちゃん、キツネさん、クマさん、何しているの？**
カメ　**この木の上にある穴をのぞいてみたくって。**
ゴリラ　**そうなんだ。じゃあ、私の頭に乗ったら見えるかも！**
カメ　**ありがとう。よいしょ、よいしょ。**

カメとウサギ、キツネ、クマを一度外し、ゴリラの上にクマ、キツネ、ウサギ、カメを順にはり直す。
ゴリラ　**ど～お？**

ゴリラを傾ける。
ゴリラ　あっ！
ゴリラを裏返して、パネルの下側端にはる。

全員　ああああああ…………。
両手を使って、クマとキツネ、ウサギとカメも裏返し、パネルの下側、木の幹の横に、いろいろな向きにはる。

保育者　どっし〜ん。
全員　いててててー！

8

ウサギを表に返して、
カメに尋ねるように動かす。
**ウサギ　ところでカメさん、
何か見えたの？**

ゴリラ、クマ、キツネ、カメも表に返す。
カメを持ち、人さし指を立てて口に当てる。
**カメ　しー………っ。
フクロウさんが寝ていたよ。**

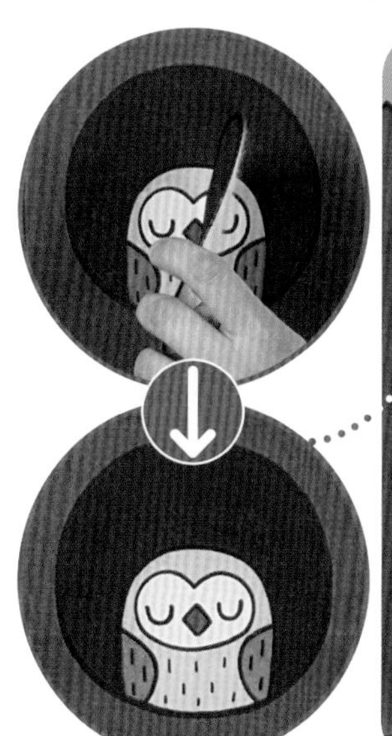

ゴリラ、クマ、キツネ、ウサギ、カメを木の穴を見上げるようにはり直し、木の穴を外して、フクロウを指さす。

**全員　そっかあ……、
フクロウさんが寝ていたんだ。
じゃあ、静かにしないとね。**
**保育者　カメさん、
穴がのぞけてよかったね。**

おしまい

絵人形イラスト・製作／高瀬のぶえ　出演／入江浩子

はたらくくるま

0~2 歳児

子どもに大人気の車たちが、パネルシアターになりました。「はたらくくるま」を歌いながら、楽しく演じましょう。歌だけ（①～③）にしたり、1番（①、⑤、⑥）だけにしたりするなど、状況に合わせて演じてください。
案／近藤みさき

用意する絵人形

絵人形の作り方

基本のテクニック P.12 を参照

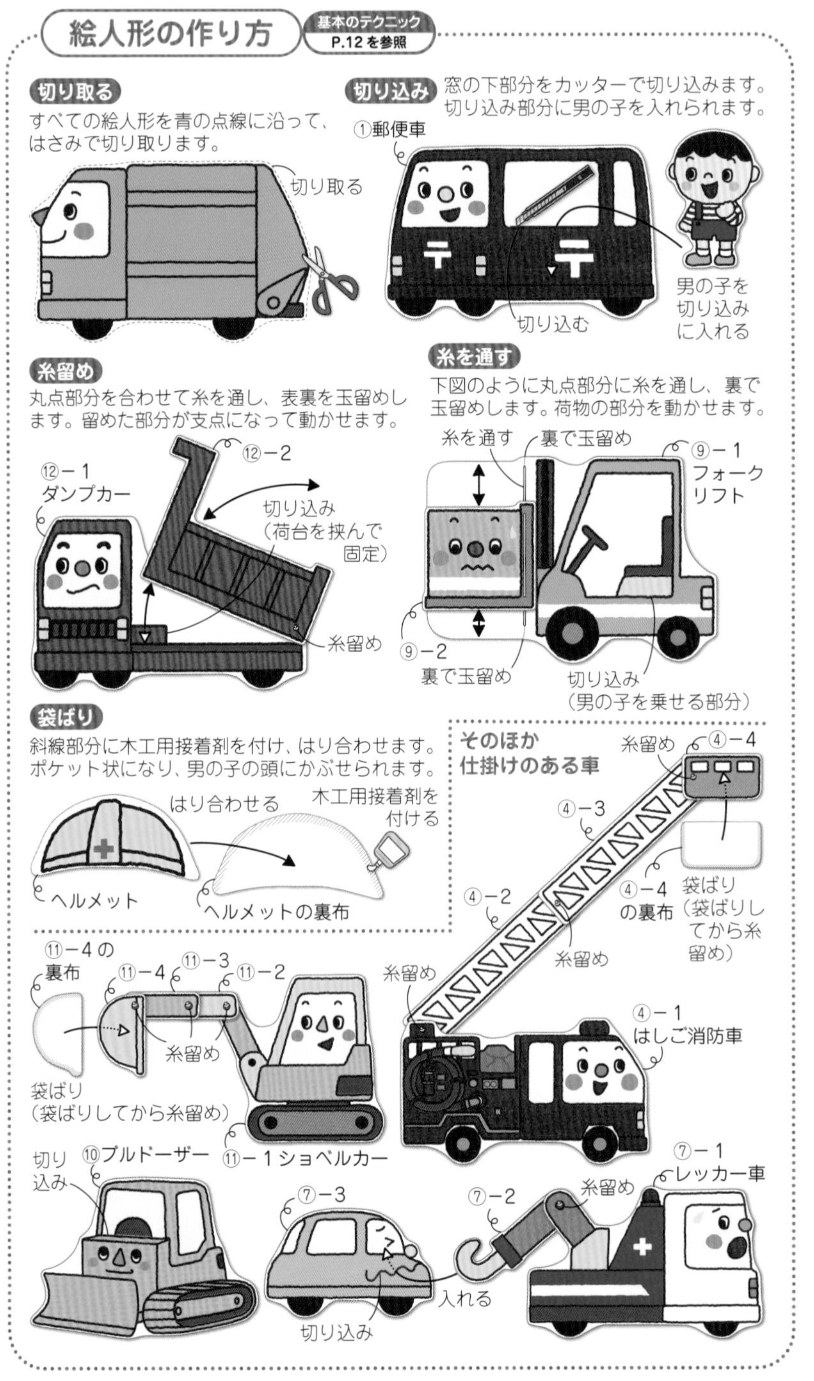

切り取る
すべての絵人形を青の点線に沿って、はさみで切り取ります。

切り込み
窓の下部分をカッターで切り込みます。切り込み部分に男の子を入れられます。

糸留め
丸点部分を合わせて糸を通し、表裏を玉留めします。留めた部分が支点になって動かせます。

糸を通す
下図のように丸点部分に糸を通し、裏で玉留めします。荷物の部分を動かせます。

袋ばり
斜線部分に木工用接着剤を付け、はり合わせます。ポケット状になり、男の子の頭にかぶせられます。

そのほか仕掛けのある車

男の子を出しながら。
男の子　僕、今日はいろんな車が見たいなあ。

男の子をパネルにはって「はたらくくるま」の
１番を歌う。または、CD をかける。

歌詞１番

♪のりものあつまれ　いろんなくるま
どんどんでてこい　はたらくくるま
はがきやおてがみ　あつめるゆうびんしゃ
（ゆうびんしゃ）～
はしる はしる はたらく くるま

歌詞に合わせて、郵便車、清掃車、救急車、はしご消防車を、
順に走らせながら登場させてパネルにはる。

歌詞１番の車をパネルから取り外し、
２番を歌う。
または、CD をかける。

歌詞２番

♪じどうしゃ いっぱい　はこべるカーキャリア
（カーキャリア）～
はしる はしる はたらく くるま

歌詞に合わせて、カーキャリア、パネルバン、
レッカー車、タンクローリーを、順に走らせな
がら登場させてパネルにはる。

歌詞２番の車をパネルから取り外し、
３番を歌う。
または、CD をかける。

歌詞３番

♪のりものあつまれ　いろんなくるま
どんどんでてこい　はたらくくるま
おもたいにもつを　あげさげフォークリフト
（フォークリフト）～
はしる はしる はたらく くるま

歌詞に合わせて、フォークリフト、ブルドーザー、
ショベルカー、ダンプカーを、順に走らせながら登
場させてパネルにはる。

4

男の子　**すご～い。車がいっぱいだ！**
僕、乗りたくなっちゃったな。
保育者　**そうだね。**
でも、危ない車もあるから……。
そうだ、これ！　なんだと思う？
ヘルメットを取り出して、
子どもに問いかける。
保育者　**そう、帽子だね。**
ヘ・ル・メッ・トって言うんだよ。
これをかぶれば安全だね。
ヘルメットを男の子の頭にかぶせる。

5

歌詞３番の車をパネルから取り外し、
郵便車を出す。
郵便車　**僕に乗ってみない？**
男の子　**うん！　うわあ、かっこいいなあ。**
車の中は手紙でいっぱいだね。
男の子を乗せて、郵便車を走らせる。
郵便車　**みんなにお手紙を届けるんだよ。**
あっ！　もう配達の時間。
男の子を郵便車から降ろし、
郵便車を走らせて、パネルから外す。
男の子　**乗せてくれて、ありがとう。**

ワンポイント

２歳児なら、各場面で「この車はなんていう名前？」「みんなも乗ってみたい？」などと問いかけ、子どもとやり取りをしても。

6

はしご消防車を出す。
はしご消防車　**僕にも乗ってみるかい？**

はしご車のバスケットに、男の子を乗せる。
はしごを伸ばして上げる。
男の子　**えっ！　いいの？**
うわあ、高～い！
はしご消防車さんて
すごいんだね。
どうもありがとう。

はしごを畳んで、男の子を降ろし、
はしご消防車をパネルから外す。

7

フォークリフトを登場させ、男の子を乗せる。

男の子　**これにも乗ってみたいなあ。**
フォークリフト　**どうぞ。僕は、**
フォー・ク・リ・フ・トって言うんだ。
スイッチを押してみて。
ピッ！　グイーン、グイーン。

フォークリフトの荷物を上下させる。フォークリフトにお礼を言って男の子を降ろし、フォークリフトをパネルから外す。

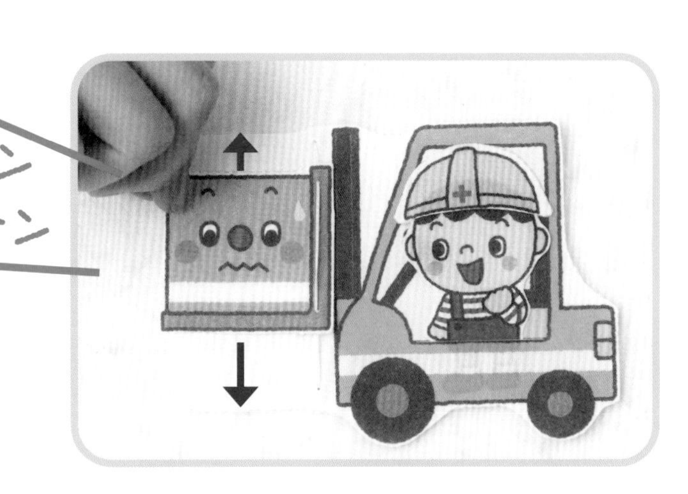

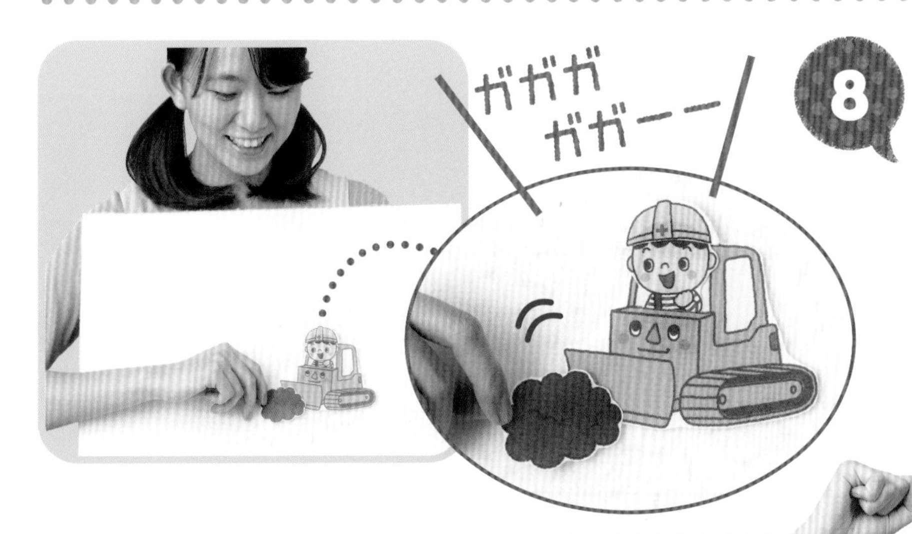

8

ブルドーザーを登場させる。

男の子　**ねえ、ブルドーザーさんて、**
すごく力持ちだよね。
土をたくさん運ぶんでしょ。

男の子をブルドーザーに乗せ、土を出して、ブルドーザーで運ぶ。

ブルドーザー　**ガガガガガーーー。**
男の子　**うわあ。かっこいい。**
ブルドーザーさんに
乗れちゃった。

9

ショベルカー、ダンプカーを登場させる。

保育者　**ブルドーザーさんが運んだ土を、**
ショベルカーさんが集めて、
ダンプカーさんに載せるんだって。
男の子　**僕、できるかな……？**
車たち　**大丈夫！**
みんなで一緒にやってみようよ。

土をショベルカーのショベル部分に入れて動かしたり、ダンプカーに土を積んでから荷台を動かして土を降ろしたりする。

ダンプカー　**ドドドドド。**

10

男の子をブルドーザーから降ろし、
パネル中央にはり、
周りにいろいろな車をはる。

男の子　**うわあ、楽しかったなあ。**
いろんな車があるんだね。
僕も大きくなったら、
車の運転手になりたいなあ。

おしまい

はたらくくるま

作詞／伊藤アキラ
作曲／越部信義

1.3.のりもの　あつまれー　いろんな　くるまー　どんどん　でてこい　はたらくくるまー

1.はがきやおてがみ　あつめる　ゆうびんしゃ　（ゆうびんしゃ）
2.じどうしゃいっぱい　はこべる　カーキャリア　（カーキャリア）
3.おもたいにもつを　あげさげ　フォークリフト　（フォークリフト）

まちじゅうきれいに　おそうじ　せいそうしゃ　（せいそうしゃ）
ひっこしにもつは　おまかせ　パネルバン　（パネルバン）
じめんのでこぼこ　たいらに　ブルドーザー　（ブルドーザー）

けがにんびょうにん　いそいで　きゅうきゅうしゃ　（きゅうきゅうしゃ）
こわれたくるまを　うごかす　レッカーしゃ　（レッカーしゃ）
おおきないしでも　らくらく　ショベルカー　（ショベルカー）

ビルのかじには　はしごしょうぼうしゃ　「はしごしょうぼうしゃ」
ガソリンまんたん　はいたつ　タンクローリー　「タンクローリー」
ジャリをいっぱい　つめこむ　ダンプカー　「ダンプカー」

いろんな　くるまがー　あるんだな　いろんな　おしごとー　あるんだな

はしる　はしる　はたらくくるまー　ー　ー

絵人形イラスト／よしだじゅんこ　作り方イラスト／小早川真澄　出演／金重家如

08 今日はとってもすてきな日

0~2歳児

ニョコ、シューン、ペッタンコ……子どもたちの大好きな楽しいオノマトペを交えて、リズミカルにクリスマスツリーを飾り付けましょう。
案／南 夢未（あそび工房ゆめみ）

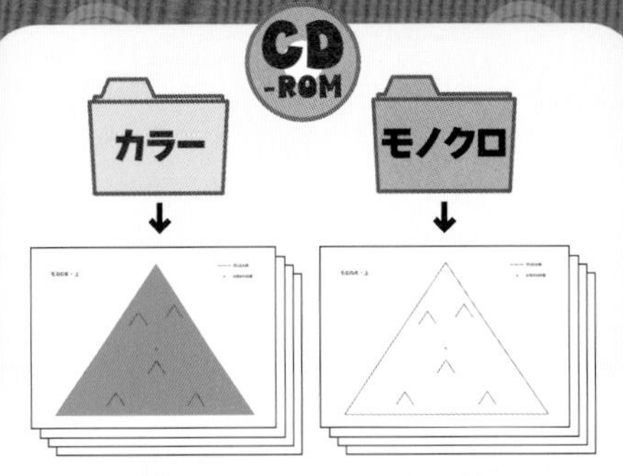

08_ 今日はとってもすてきな日　08_ 今日はとってもすてきな日

用意する絵人形

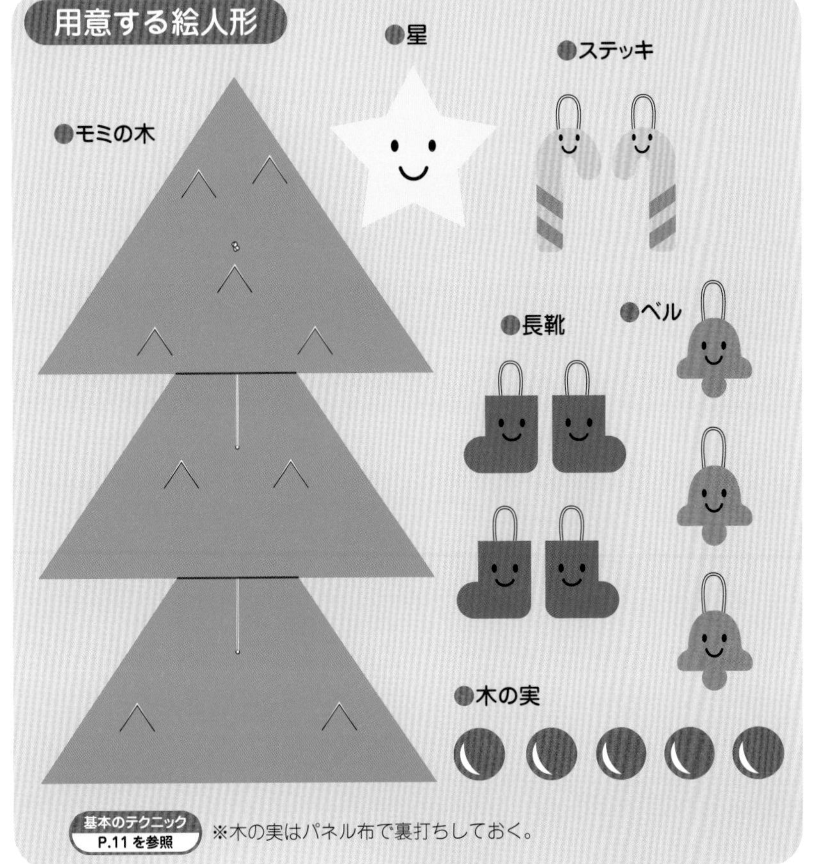

基本のテクニック P.11を参照　※木の実はパネル布で裏打ちしておく。

モミの木の糸留め

基本のテクニック P.13を参照

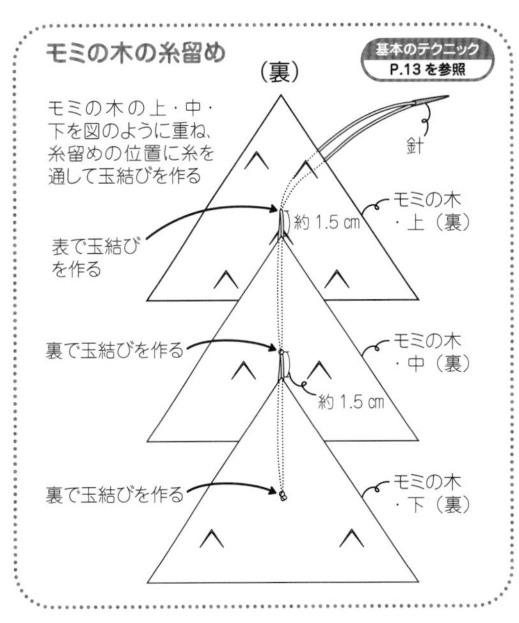

飾りの糸付け

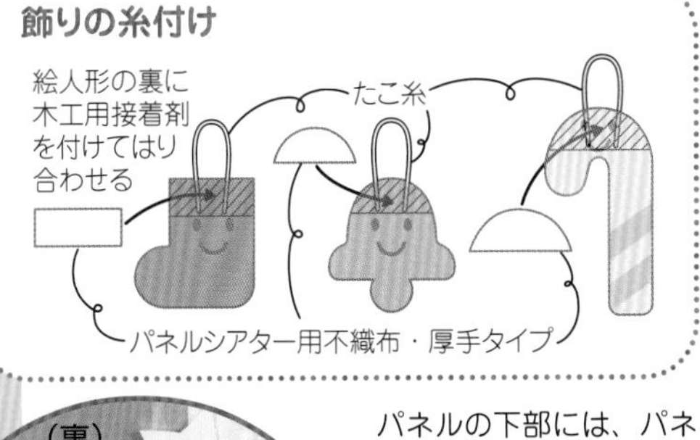

ミニパネルの下部に付けたポケットの裏に星を、表に星以外の絵人形を入れ、パネル上部の裏に毛糸をはり付けておく（P.43参照）。モミの木の先端を指さす。

保育者 **今日はとってもすてきな日。雪の中から、小さなモミの木、顔出した。ニョコ！**

パネルの下部には、パネル布で作ったポケットを付け、絵人形を入れる（作り方はP.40）。

2

裏のポケットから星を取り出す。

保育者　**今日はニョコっと、すてきな日。**
空には小さな星の子が、
きらきらと光り出す。

星をモミの木の先端に付ける。

保育者　**すると、星の子が**
シューンと降りてきて、
小さなモミの木にペッタンコ！

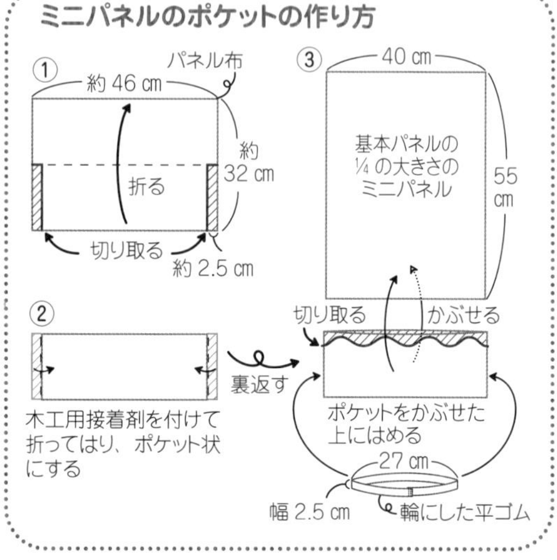

3

保育者　**今日はきらきら、すてきな日。**
小さなモミの木飾りましょう。
ステッキたち　**飾って、飾って！**
保育者　**ニョコニョコっと**
ステッキ、顔出した。

ポケットからステッキ２本を取り出す。

保育者　**ステップ、ステッキ、**
ルンルンルン。

２本のステッキをダンスするように、
くるくる、ぴょんぴょんと動かす。

4

基本のテクニック
P.13 を参照

保育者　**今日はステッキ、すてきな日。**
小さなモミの木飾りましょう。
ステッキたち　**あらら、僕たちどこに**
ペッタンコ？
保育者　**すると「ウーン！」と**
モミの木、大きくなった。

星とモミの木の先端を一緒に持って、
上に引っ張り出す。

ステッキたち　**やったあ！**
保育者　**ステッキたちは、シューンと**
滑って、小さなモミの木に
ペッタンコ、ペッタンコ！

２本のステッキの糸を、モミの木の切り込みに
引っ掛けて飾る。

5

保育者　すると、またまた……。
ベルたち　飾って、飾って、飾って！
保育者　カラン、コロン、リン！と
ぴかぴかベルたちが顔出した。
ポケットから３個のベルを取り出し、
揺らして鳴らすように動かしてはる。

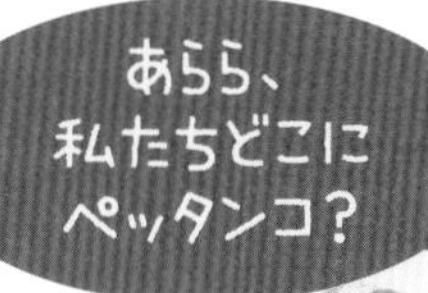

基本のテクニック
P.13 を参照

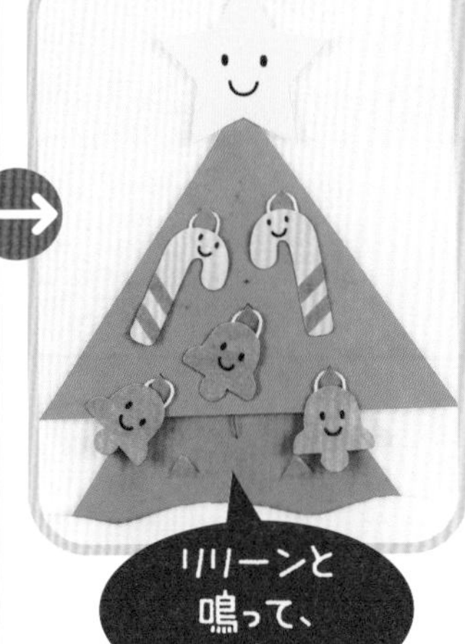

保育者　今日はカラコロリン、
すてきな日。
小さなモミの木飾りましょう。
ベルたち　あらら、私たち
どこにペッタンコ？
保育者　すると、またまた「ウーン！」と
モミの木、大きくなった。
星とモミの木の先端を一緒に持って、
上に引っ張り出す。
ベルたち　やったあ！
保育者　カラーンと鳴って、ペッタンコ。
コローンと鳴って、ペッタンコ。
リリーンと鳴って、ペッタンコ。
３個のベルの糸を、モミの木の切り込みに
引っ掛けて飾る。

保育者　すると、またまたまた……。
長靴たち　飾って、飾って、
飾って、飾って！
保育者　ボフボフ、ボコボコと
長靴たちが顔出した。
ポケットから２組の長靴を取り出し、
歩くように動かしてパネルにはる。
保育者　ボフボフ、ボコボコ。

保育者　今日はボフボコ、すてきな日。
小さなモミの木飾りましょう。
長靴たち　お～い、どこにペッタンコ？
保育者　すると、またまたまた「ウーン！」と
モミの木、大きくなった。

星とモミの木の先端を一緒に持って、
上に引っ張り出す。

基本のテクニック
P.13を参照

長靴たち　やったあ！
保育者　長靴たちが、ボフボコ歩いて、
ペッタンコ、ペッタンコ！
ペッタンコ、ペッタンコ！

２足の長靴の糸を、モミの木の
切り込みに引っ掛けて飾る。

保育者　小さなモミの木きれいだね。
すると……。
木の実　待って、待って！　まだまだまだ～。
保育者　コロ、コロ、コロ、コロ、コロンと
真っ赤な木の実が飛び出した。

ポケットから５個の木の実を取り出す。

保育者　今日はコロコロ、すてきな日。
小さなモミの木飾りましょう。
木の実を１個ずつ、モミの木にはる。
保育者　コロコロ、ペッタンコ……
コロコロ、ペッタンコ！

コロコロ、
ペッタンコ！

毛糸はパネルの上部裏側に、セロハンテープではり付けておき、１本ずつパネル手前に引っ張り出して、パネルにはります。

シュルルルルー

12

保育者　仕上げはシュルルルルー……
シュルルルルー。
パネル上部の裏にはってある毛糸を１本ずつ引っ張り出して、パネルにはる。
保育者　今日はとってもすてきな日。

おしまい

今日はとってもすてきな日

ツリーの切り込みに引っ掛けるステッキ、長靴、ベルは、木工用接着剤を付けた不織布で、裏にたこ糸をはり付け、木の実は、パネル布で裏打ちしておきます。

絵人形製作／たけなかさおり　作り方イラスト／小早川真澄　出演／南 夢未

09 あわてんぼうのサンタクロース

1~2歳児

クリスマス会や誕生会で楽しめる愉快なパネルシアター。3種類の楽器を歌詞に合わせて鳴らします。2歳児なら拍手は子どもたちにも参加してもらいましょう。
案／リボングラス

09_あわてんぼうの サンタクロース　09_あわてんぼうの サンタクロース

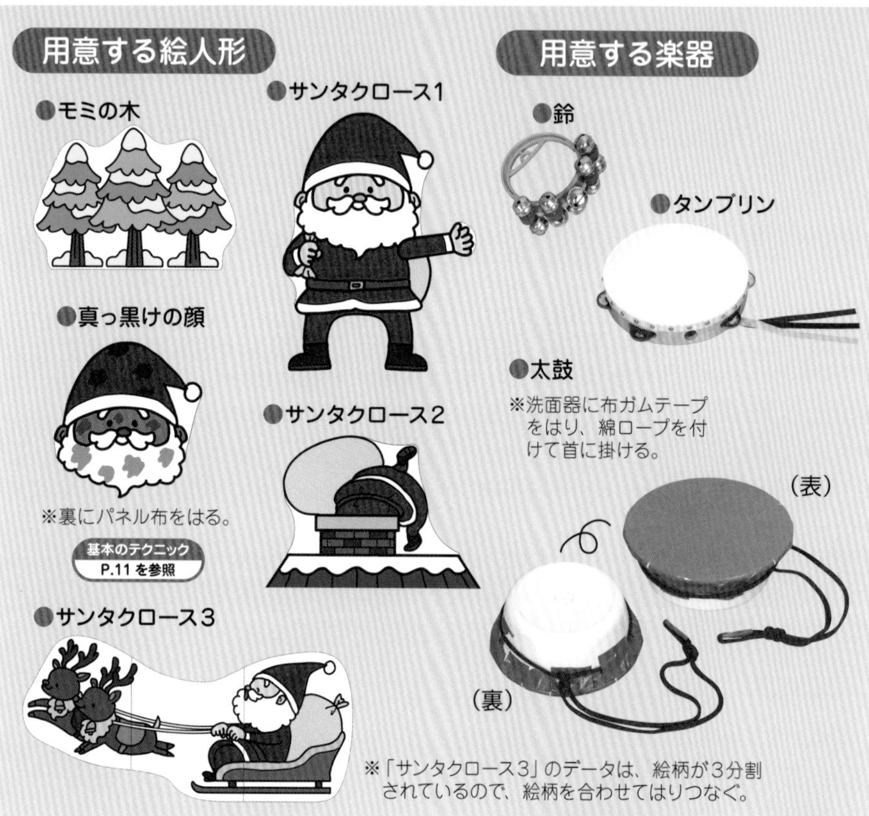

※裏にパネル布をはる。

基本のテクニック P.11を参照

※洗面器に布ガムテープをはり、綿ロープを付けて首に掛ける。

※「サンタクロース3」のデータは、絵柄が3分割されているので、絵柄を合わせてはりつなぐ。

基本のテクニック P.12を参照

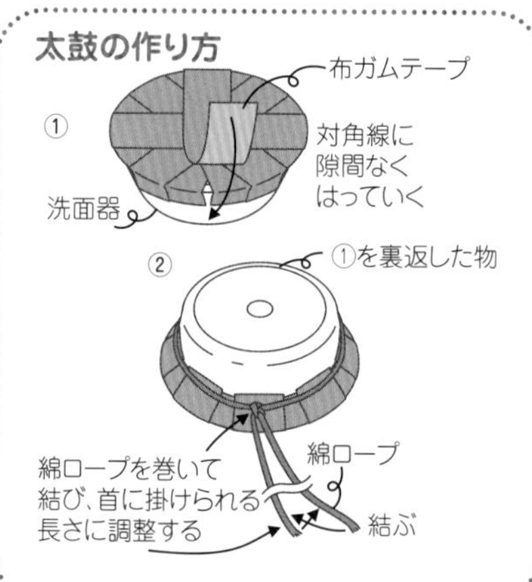

始める前に

保育者は、歌詞に合わせて3種類の楽器を使います。2歳児なら、3番の「♪チャチャチャチャ」は、見ている子どもたちに拍手をしてもらうと、いいですね。

- ♪リンリンリン ……▶ 鈴
- ♪ドンドンドン ……▶ 太鼓
- ♪チャチャチャチャ ……▶ 拍手
- ♪シャラランラン……▶ タンブリン

1

鈴を鳴らしながら保育者登場。
パネルにモミの木をはる。

保育者　**もうすぐクリスマスだね。あわてんぼうのサンタクロースさんは、まだクリスマスじゃないのに、間違ってプレゼントを届けにきちゃったんだって！**

サンタクロース1を出し、
手を持って動かしながら
1番を歌う。

歌詞１番

♪あわてんぼうの
サンタクロース
クリスマスまえに
やってきた

サンタクロース１の片手と足は別に作り、糸を通して表と裏に玉留めを作ってつなぎ、自由に動くようにします。

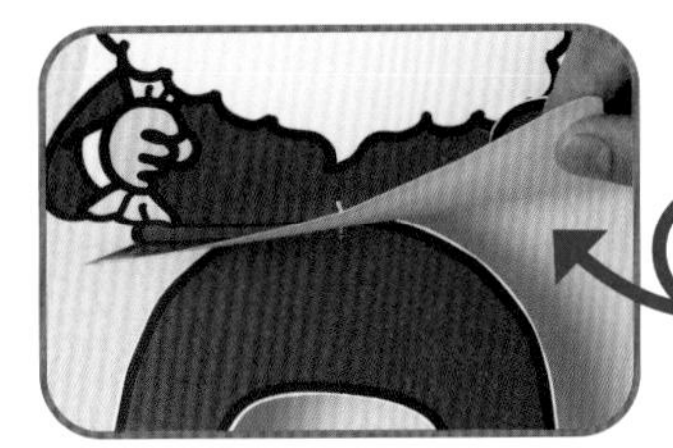

「♪リンリンリン」で
鈴を鳴らしながら歌う。

♪いそいで　リンリンリン
いそいで　リンリンリン
ならしておくれよ　かねを
リンリンリン　リンリンリン
リンリンリン

鈴とサンタクロース１を下げ、
サンタクロース２を出して２番を歌う。

歌詞２番

♪あわてんぼうの
サンタクロース
えんとつ　のぞいて
おっこちた

「♪ドンドンドン」で太鼓をたたきながら歌う。

♪あいたた　ドンドンドン
あいたた　ドンドンドン

歌いながらサンタクロース２を下げ、
真っ黒けの顔を重ねばりしたサンタクロース１を出す。「♪ドンドンドン」で太鼓をたたきながら歌う。

♪まっくろくろけの　おかお
ドンドンドン　ドンドンドン
ドンドンドン

基本のテクニック
P.11 を参照

サンタクロースの頭だけを持って、手足をぶらぶらさせても楽しいです。

真っ黒けの顔を外したサンタクロース１を手に持ち、揺らしながら３番を歌う。

歌詞３番

♪あわてんぼうの　サンタクロース
しかたがないから　おどったよ

サンタクロース１を持ったまま踊る。
子どもたちに拍手をしてもらうのも楽しい。

♪たのしく　チャチャチャ
たのしく　チャチャチャ
みんなも　おどろよ　ぼくと
チャチャチャ　チャチャチャ
チャチャチャ

サンタクロース１を下げ、
サンタクロース３を出して４番を歌う。

歌詞４番

♪あわてんぼうの
サンタクロース
もいちど　くるよと
かえってく

「♪シャラランラン」で
タンブリンを鳴らしながら歌う。

♪さよなら　シャラランラン
さよなら　シャラランラン
タンブリン　ならして　きえた
シャラランラン　シャラランラン
シャラランラン

サンタクロース３を下げ、
サンタクロース１を出して５番を歌う。

歌詞５番

♪あわてんぼうの　サンタクロース
ゆかいな　おひげの　おじいさん

歌詞に合わせてそれぞれの楽器を
鳴らしながら歌う。

♪リンリンリン　チャチャチャ
ドンドンドン　シャラランラン
わすれちゃ　だめだよ　おもちゃ
シャラランリン　チャチャチャ　ドンシャラララン

♪リンリンリン
チャチャチャ

鈴を持って鳴らし、「♪チャチャチャ」は子どもたちも一緒に拍手をする。

♪リンリンリン ……▶ 鈴
♪チャチャチャ ……▶ 拍手

♪ドンドンドン
シャラランラン

鈴を置いて太鼓をたたき、「♪シャラランラン」はタンブリンを振る。

♪ドンドンドン ……▶ 太鼓
♪シャラランラン……▶ タンブリン

♪シャラランリン
チャチャチャ

「♪シャララン」はタンブリン、「♪リン」で鈴を鳴らす。「♪チャチャチャ」は拍手。

♪シャララン ……▶ タンブリン
♪リン ……▶ 鈴
♪チャチャチャ ……▶ 拍手

♪ドンシャラララン

「♪ドン」は太鼓をたたき、「♪シャララン」でタンブリンを振る。

♪ドン ……▶ 太鼓
♪シャララン ……▶ タンブリン

おしまい

10 ベーメェさんの寒い日

1~2歳児

寒い冬の日でも、モコモコの毛皮であったかなベーメェさん。寒がっているリス、キツネ、フクロウに出会うと、背中に乗せて温め、毛糸のあったか小物をプレゼント！ さて、何をあげたのでしょうか？
案／すえっこ

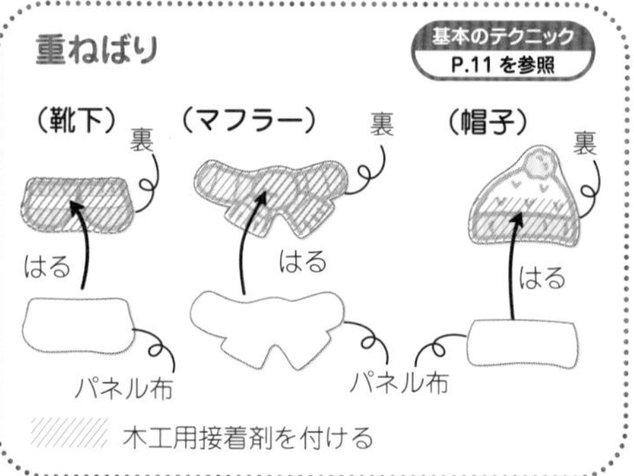

1

ベーメェさんを出す。

ベーメェ **メェーメェーメェーメェー。**
僕は、ヒツジのベーメェ。
あったかい物を作るのが
得意なんだ。
今日もなんだか寒いなあ。
でも僕は、モコモコだから大丈夫。

リス（表）を出す。

リス **チョコチョコチョコチョコ。**
寒い、寒い。
あっ、ベーメェさん、背中に乗せて！

ベーメェ **今日は寒いもんねえ。いいよ、いいよ！**

リスを裏返して、ベーメェさんの背中に乗せる。

リス **ああ、やっぱりベーメェさんは、**
モコモコであったかいなあ。

リス **ああ、あったまった。**
ベーメェさん、
ありがとう。

ベーメェ **リスさん、はい、**
これ！

リスの頭の上に毛糸の帽子を乗せる。

リス **わあ、いいの？**
とってもあったか〜い！
ありがとう。

リスと毛糸の帽子の両方を持って、引っ込める。

キツネ（表）を出す。

キツネ **コンコンコンコン、**
寒い、寒い。

ベーメェ **キツネさん大丈夫？**

キツネ **風邪ひいちゃったみたいなんだよ。**
ベーメェさん、背中に乗せて！

ベーメェ **今日は寒いもんねえ。**
いいよ、いいよ！

キツネを裏返して、ベーメェさんの背中に乗せる。

キツネ **ああ、やっぱりベーメェさんは、**
モコモコであったかいなあ。

5

キツネ　**ああ、あったまった。**
ベーメェさん、ありがとう。
ベーメェ　**キツネさん、**
よかったら、はい、これ！
毛糸のマフラーを出して、
キツネの首に重ねてはる。
キツネ　**え～、いいの？**
ありがとう、コンコーン。
あったかくて、いい感じ。
キツネと毛糸のマフラーの両方を持って、
引っ込める。

6

フクロウ（表）を出す。
フクロウ　**バッサバッサバッサバッサ、**
寒い、寒い。
冷たい所には、
足もつけないよ。
ベーメェさん、
背中に乗せて！
ベーメェ　**今日は寒いもんねえ。**
いいよ、いいよ！
フクロウを裏返して、ベーメェさんの
背中に乗せる。
フクロウ　**ああ、ベーメェさんは、**
モコモコであったかいなあ。

フクロウ　**ああ、あったかくてホッとするなあ。**
ベーメェさん、ありがとう。
ベーメェ　**フクロウさん、**
よかったら、はい、これ！
毛糸の靴下を出して、フクロウの足に重ねてはる。
フクロウ　**え〜、いいの？　ありがとう、ホッホッホー。**
とってもあったか〜い！
フクロウと毛糸の靴下の両方を持って、引っ込める。

ベーメェ　**みんな喜んでくれてよかった。**
今度は、
何を作っておこうかなあ……。
ベーメェさんを引っ込める。

おしまい

絵人形イラスト／青木菜穂子　作り方イラスト／小早川真澄　出演／吉村瑠莉（クラージュ）

おくちを あ〜ん！

おなかがすいて、しょんぼり顔のブタさん。大きな口をあ〜んと開け、おいしいリンゴをモグモグ、ムシャムシャ食べて、にっこり。
案／南 夢未（あそび工房ゆめみ）

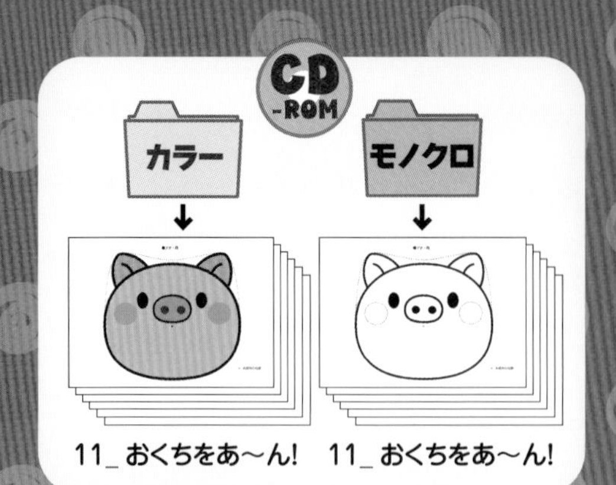

用意する絵人形

●ブタ・しょんぼり顔　●ブタ・顔

●ブタ・おしり　●ブタ・体

●リンゴ　●ピーマン　●バナナ　●ニンジン　●ケーキ

ブタの顔・表裏両面使い ＆ 糸留め ＆ 切り込み

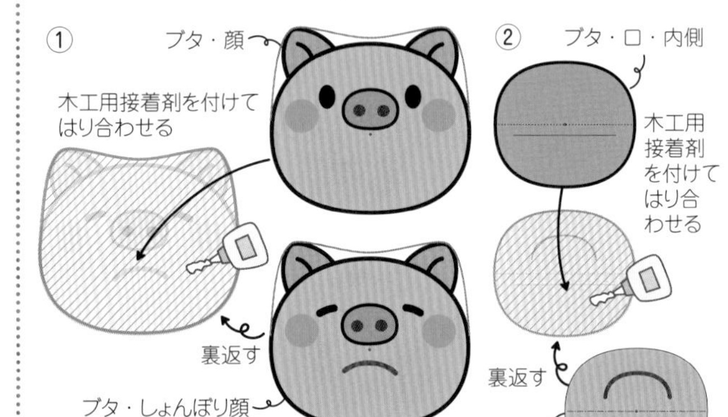

※ブタ・体と、ブタ・おしりも同様にはり合わせる

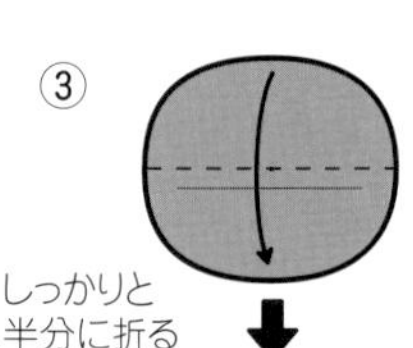

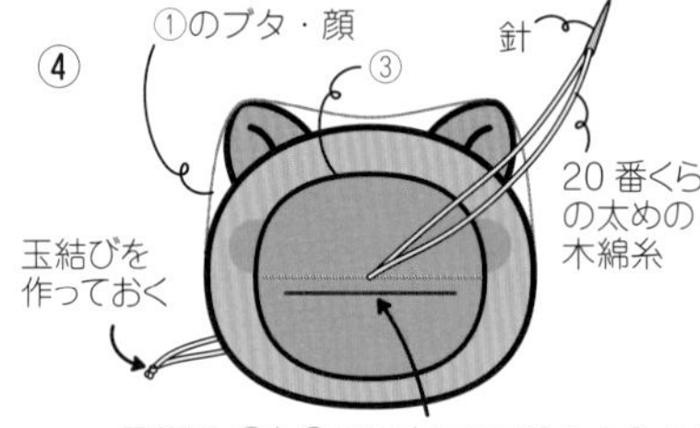

最後に、①と③の両方に切り込みを入れる

①に③を重ね、糸留めの位置を合わせて針を刺し、糸留めする。余分な糸は切り取る

ミニパネルを手に持ち、ブタ・しょんぼり顔の上に、ブタ・おしりを重ねて出す。

ブタ　ブーブーブー。

保育者　あら？　誰か泣いているわ。

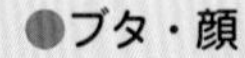

ブタ・おしりをずらして、
ブタ・しょんぼり顔を見せる。
保育者　ブタさん、どうしたの？
ブタ　ブーブー。

ブタから聞くしぐさをして。
保育者　ブタさん、
おなかがすいたんだって！

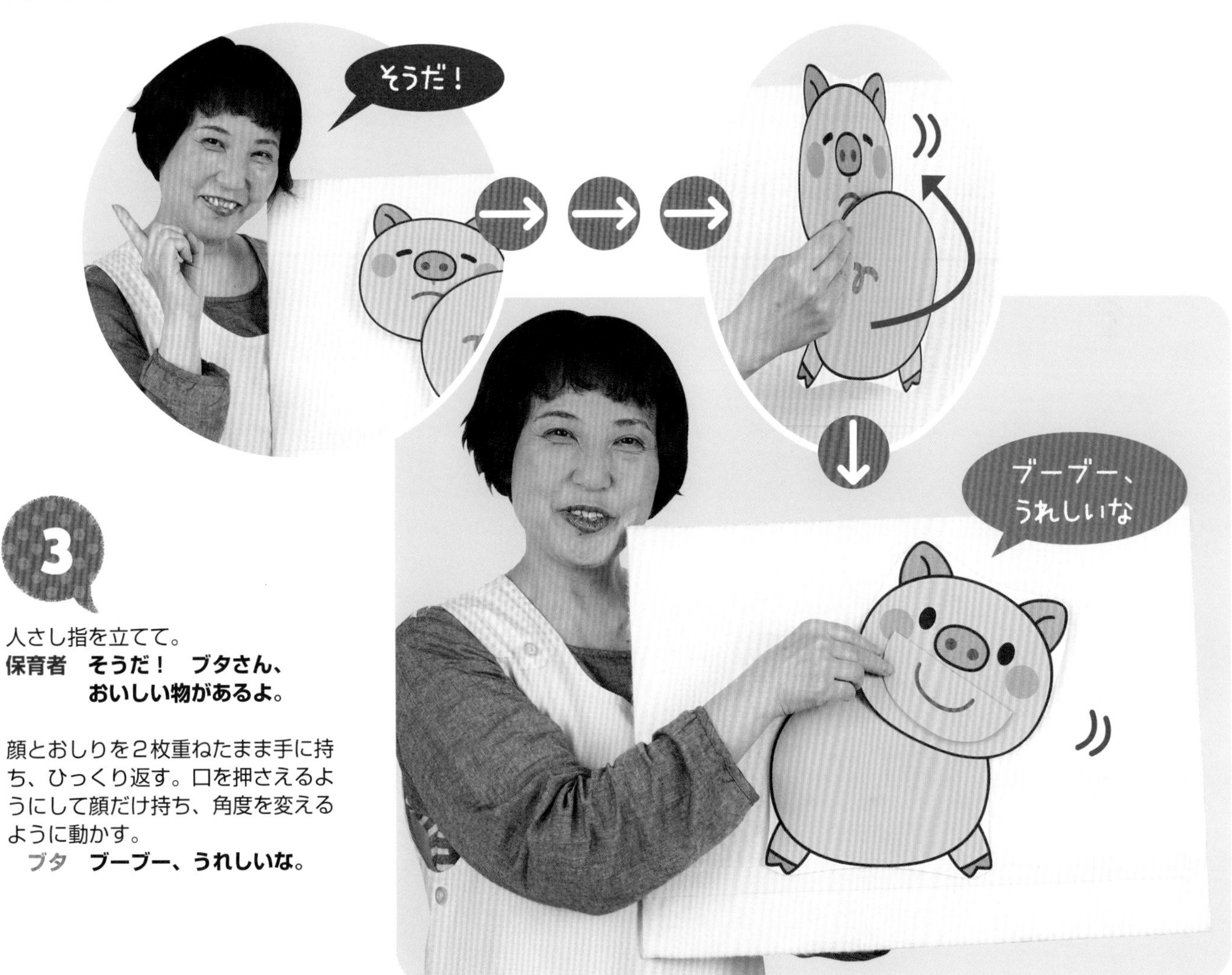

3

人さし指を立てて。
保育者　そうだ！　ブタさん、
おいしい物があるよ。

顔とおしりを２枚重ねたまま手に持ち、ひっくり返す。口を押さえるようにして顔だけ持ち、角度を変えるように動かす。
ブタ　ブーブー、うれしいな。

リンゴを出す。
保育者　赤くって、丸い……
リンゴだよ。

口を大きく開き、切り込みにリンゴを差し込む。
保育者　ブタさん、お口をあ～ん。
はい、どうぞ。
リンゴを見えなくなるまで差し込む。

口の中心をブタ・顔に糸留めし、口と顔の両方に切り込みを入れます。

基本のテクニック
P.12 を参照

口を閉じ、食べているように、左右に少し動かす。
ブタ　モグモグ、
ムシャムシャ。
その後、さりげなくリンゴを裏から抜いて引っ込める。

再度、ブタの口を開けて。
　ブタ　**あ〜、おいしかった！**
ブタの口を閉じて。
保育者　よかったね。ブタさん。

顔の位置を変えて。
　ブタ　**ブーブーブー。**
保育者　えっ、もっと何か食べたいの？
リンゴと同様にして、ブタとのやり取りを楽しみながら、バナナ、ニンジン、ピーマン、ケーキなどを食べさせる。

おしまい

絵人形イラスト・製作／いとう・なつこ　作り方イラスト／小早川真澄　出演／南 夢未

12 おおきなかぶ
―ロシア民話より―

1~2歳児

繰り返しが楽しい、おなじみのお話。畑の中からおおきなかぶが抜けるシーンは、パネルシアターならではのクライマックスです。
案／山本省三

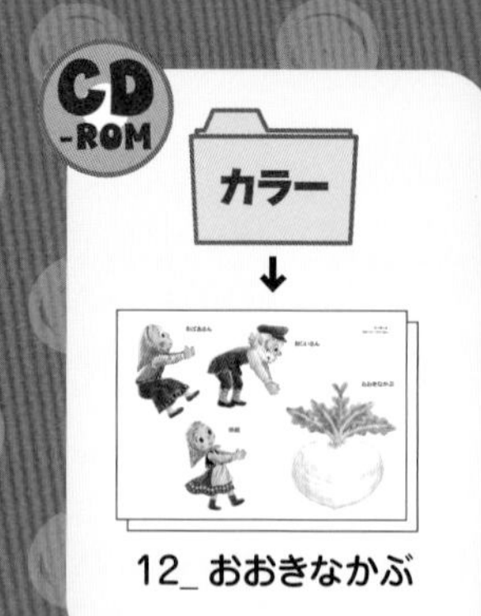

用意する絵人形

準備

パネルにかぶと、かぶを隠すように畑をはる。

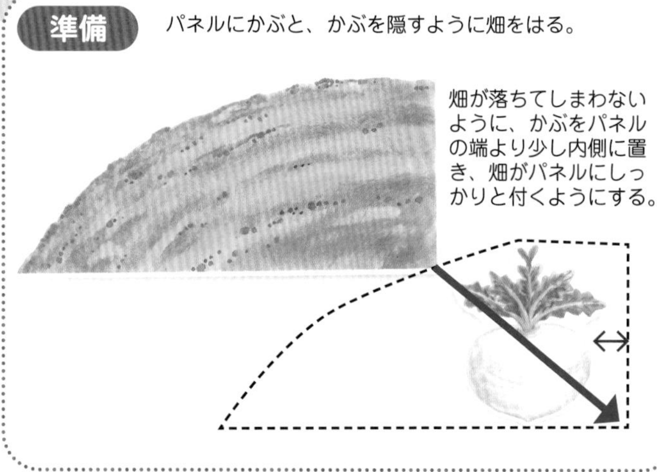

おじいさんを畑の上にはる。

保育者　**おじいさんが畑にかぶの種をまきました。**
おじいさん　**大きな大きなかぶになあれ。**
甘くておいしいかぶになあれ。

おじいさんを外す。

2

畑の上に、かぶの葉先だけを出す。
保育者 **すると、**
種はすぐに芽を出しました。

かぶの葉を半分引き出す。
保育者 **かぶは芽を出すと、**
すぐにすくすくすく、
大きな葉っぱが伸びました。

かぶの葉を全部、畑の上に出す。
保育者 **そして、たちまち**
にょきにょきにょき、
大きなかぶになりました。

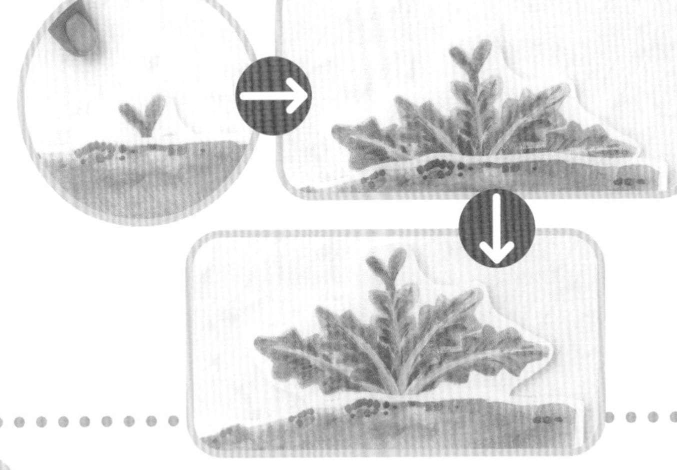

3

おじいさんを出す。
保育者 **そこへおじいさんが、やってきました。**
おじいさん **あれまあ、これはこれは、びっくりじゃ。**
おじいさんをかぶの葉を持っているように重ねてはる。
保育者 **おじいさんは、さっそく**
かぶを抜こうとしました。
おじいさん **うんとこしょどっこいしょ、**
ウーン、ウーン。

保育者 **かぶは抜けません。**
そこで、おじいさんは
おばあさんを呼びました。

4

おばあさんを出す。
おばあさん **ほれほれ、おじいさん、**
お手伝いに来ましたよ。
おじいさん **おばあさん、**
一緒にかぶを抜いとくれ。
おばあさん **ほれほれ、任せてくださいよ。**

おばあさんをおじいさんに重ねてはる。
保育者 **2人は力を合わせて**
かぶを抜こうとしました。
おじいさん **うんとこしょどっこいしょ。**
おばあさん **ウーン、ホーレ。**
保育者 **でも、かぶは抜けません。**
そこで、おじいさんとおばあさんは
孫娘を呼びました。

孫娘を出す。

孫娘　**はいはい、**
おじいさんとおばあさん、
お手伝いに来ましたよ。

おじいさん　**さあ、**
おばあさん　**一緒にかぶを抜いとくれ。**
孫娘　**はいはい、任せてくださいよ。**

孫娘をおばあさんに重ねてはる。

おじいさん　**うんとこしょどっこいしょ。**
おばあさん　**ウーン、ホーレ。**
孫娘　**ハーイ。**
保育者　**それでも、かぶは抜けません。**
そこで、おじいさんと
おばあさんと孫娘は、
飼っているいぬを呼びました。

いぬを出す。

いぬ　**ワンワンワン、**
お手伝いに来ましたワン。
孫娘　**お願い、**
おじいさん　**一緒に、**
おばあさん　**かぶを抜いとくれ。**
いぬ　**ワンワン、**
任せてくださいワン。

いぬを孫娘に重ねてはる。

おじいさん　**うんとこしょどっこいしょ。**
おばあさん　**ウーン、ホーレ。**
孫娘　**ハーイ。**
いぬ　**ワンワン。**
保育者　**まだ、かぶは抜けません。**
そこで、おじいさんと
おばあさんと孫娘といぬは、
ねこを呼びました。

ねこを出す。

ねこ　**ニャンニャン、**
お手伝いに来ましたニャン。
おじいさん　**頼むよ、一緒に、**
おばあさん　**かぶを抜いとくれ。**
孫娘・いぬ　**かぶを抜くのを手伝って。**
ワン。
ねこ　**ニャンニャン、**
任せてくださいニャン。

ねこをいぬに重ねてはる。

おじいさん　**うんとこしょどっこいしょ。**
おばあさん　**ウーン、ホーレ。**
孫娘・いぬ　**ハーイ。ワンワン。**
ねこ　**ニャンニャン。**
保育者　**まだまだ、かぶは抜けません。**
そこで、おじいさんと
おばあさんと孫娘といぬと
ねこは、ねずみを呼びました。

ねずみを出す。

ねずみ	**チュウチュウ、 お手伝いに来ましたチュウ。**
おじいさん	**どうか、一緒に、**
おばあさん	**かぶを抜いとくれ。**
孫娘・いぬ	**かぶを抜くのを手伝って。 ワン。**
ねこ	**ニャン。**
ねずみ	**任せてチュウ。**

ねずみをねこに重ねてはる。

おじいさん	**うんとこしょどっこいしょ。**
おばあさん	**ウーン、ホーレ。**
孫娘・いぬ	**ハーイ。ワンワン。**
ねこ・ねずみ	**ニャンニャン。チュウ。**

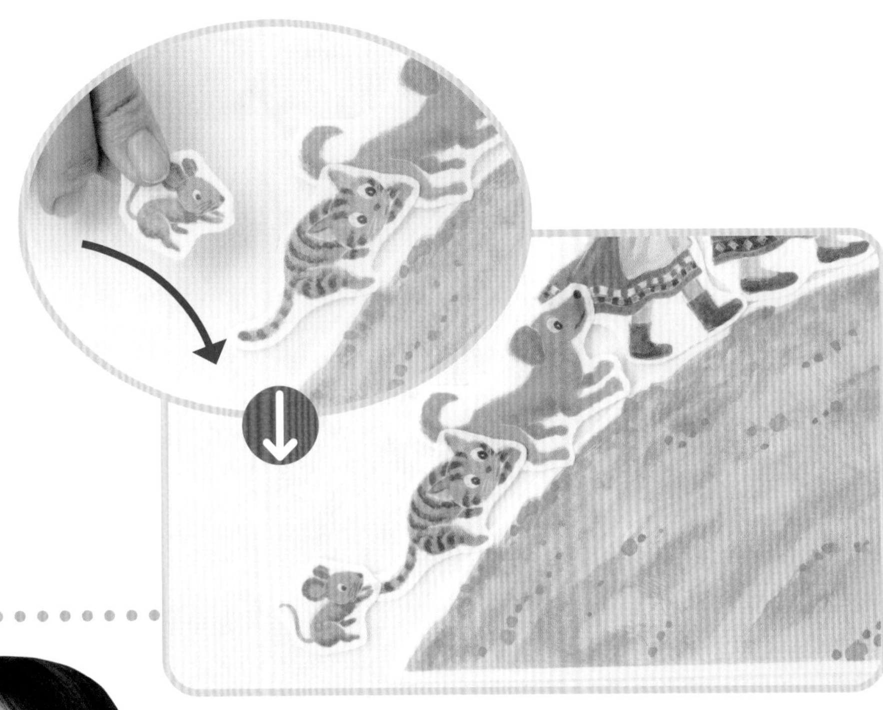

9

かぶを畑から引き出す。

保育者	**抜けました、抜けました、 スッポーン！**

かぶを畑に置く。

おじいさん	**ワーイ。**
おばあさん	**ホーレ。**
孫娘・いぬ	**ハーイ。ワンワン。**
ねこ・ねずみ	**ニャンニャン。チュウ。**
全員	**ばんざ～い！**
保育者	**大きな大きなかぶは、 トローリほかほかの 甘くておいしいスープにして、 みんなで食べました。**

おしまい

絵人形イラスト／内海ひろし　出演／金重家如

13 いろんなパンツ

1~2歳児

大小、いろいろな色や形のパンツが出てきてびっくり！「おにのパンツ」の曲の一部を替え歌にして、絵人形を動かしてあそびましょう。パンツの種類は省いてあそんでもOKです。

案／南 夢未（あそび工房ゆめみ）

上半身と下半身の糸留め

基本のテクニック P.12を参照

上半身
20番くらいの太めの木綿糸
針
玉結びを作っておく
下半身

ゾウ、ウサギ、ヘビ、ネズミ、おには、上半身に下半身を重ね、位置を合わせて針を刺し、糸留めする。余分な糸を切り取る。

ゾウのパンツをミニパネルにはる。

保育者　あら～、おっきいパンツだねえ。誰のパンツかな？

両手を広げて大きいを表現し、子どもの反応を確かめる。

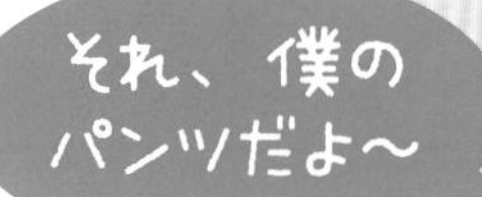

2

パネルの上からゾウの顔をのぞかせる。

ゾウ　**それ、僕の パンツだよ〜。**
保育者　**あら、ゾウさんの だったんだね。**

ゾウのパンツを引っ込める。

3

ゾウを出す。

保育者　**よかったね。 ゾウさんにぴったり。**

「いろんなパンツ」１番を歌いながら、ゾウの下半身を左右に振ってパネルにはる。

歌詞１番

♪ゾウのパンツは よいパンツ でかいぞ　でかいぞ

ゾウを引っ込める。

いろんなパンツ

作詞／南 夢未　外国曲

1. ゾ　ウ　のパンツは　よいパンツ　で か い ぞ　で か い ぞ
2. ウ　サギ　のパンツは　よいパンツ　ふ わ ふ わ　ふ わ ふ わ
3. へ　ビ　のパンツは　よいパンツ　な が い ぞ　な が い ぞ
4. ネ　ズミ　のパンツは　よいパンツ　ち い さ い　ち い さ い
5. お　に　のパンツは　よいパンツ　し ま し ま　し ま し ま

ウサギのパンツをパネルにはる。
**保育者　このパンツは、
誰のかな？**

両手でふわふわを表現し、
子どもの反応を確かめる。
保育者　ふわふわだねえ。

パネルの上から
ウサギの顔をのぞかせる。
ウサギ　それ、私のパンツよ～。
**保育者　あら、これは
ウサギさんのだったのね。**

ウサギのパンツを引っ込める。

ウサギを出し、2番を歌いながら、下半身を左右に振ってパネルにはる。

歌詞2番

**♪ウサギのパンツは
よいパンツ
ふわふわ
ふわふわ**

ウサギを引っ込める。

ヘビのパンツをパネルにはる。
保育者　これって、
誰のパンツかな？

両手を広げて長いを表現し、
子どもの反応を確かめる。
保育者　長〜いねえ。

パネルの横からヘビの顔をのぞかせる。
ヘビ　**僕のパンツ返してよ〜。**
保育者　**なあんだ、**
ヘビくんのだったのね。

ヘビのパンツを引っ込める。

ヘビを出し、３番を歌いながら、下半身を上下に振ってパネルにはる。

歌詞３番

♪ヘビのパンツは
よいパンツ
ながいぞ
ながいぞ

ヘビを引っ込める。

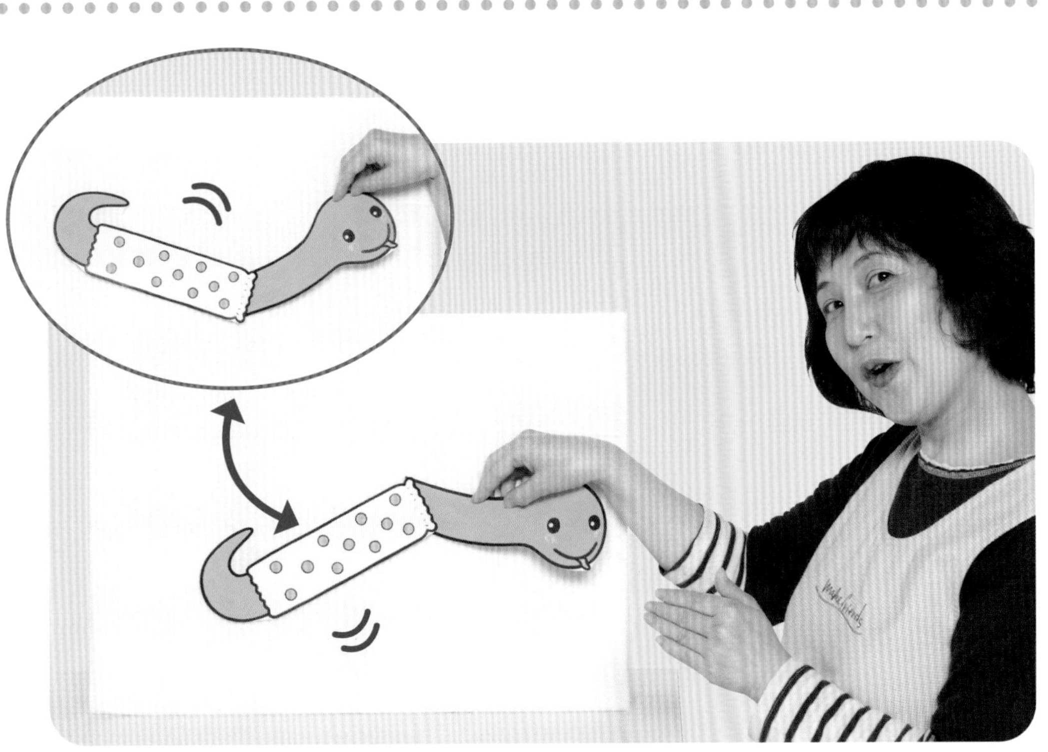

11

ネズミのパンツをパネルにはる。
保育者　**これは、**
誰のパンツかな？

両手の人さし指で小さいを表現し、
子どもの反応を確かめる。
保育者　**ちっちゃいねえ。**

パネルの上からネズミの顔をのぞかせる。
ネズミ　**私のパンツよ～。**

ネズミのパンツを引っ込め、ネズミを出して、４番を歌いながら、下半身を左右に振ってパネルにはる。

歌詞４番

♪ネズミのパンツは
よいパンツ
ちいさい　ちいさい

ネズミを引っ込める。

12

おにのパンツをパネルにはる。
保育者　**これは、**
誰のパンツかな？
ガッツポーズをし、
子どもの反応を確かめる。
保育者　**とっても強いぞ！**

パネルの上からおにの顔をのぞかせる。
おに　**僕のパンツは**
しましまだよ。

おにのパンツを引っ込め、おにを出して、５番を歌いながら、下半身を左右に振ってパネルにはる。

歌詞５番

♪おにのパンツは
よいパンツ
しましま
しましま

おしまい

絵人形イラスト・製作／高瀬のぶえ　作り方イラスト／小早川真澄　出演／南 夢未

ペープサート

ペープサートとは、ペーパー・パペット・シアター
（紙の操り人形の劇場）を短くした言葉。
棒を付けた絵人形を動かす紙人形劇のことです。
表と裏に異なる絵を描き、くるっと裏返すことで
表情豊かで動きのある劇を演じることができます。
いつでもどこでも、手軽にできるのが魅力です。

ペープサートのきほん

動かし方や言葉は、ゆっくりと。絵人形を反転するときも、ゆっくりと返したほうが変化を感じられます。

演じ方

絵人形が話したり、歌ったりしている場面では、軽く左右に揺らすか、上下に動かします。急に動かしたり、頻繁に動かしたりすると、絵人形が見えにくくなるので気をつけて。

絵人形の持ち方・動かし方

- 操作棒をまっすぐに立て、手の指が棒と垂直になるように持ちます。
- 動かすときは、できるだけ垂直を保ったまま、左右や上下に動かすようにします。

■裏返す（反転）

親指で操作棒を転がすように半回転させ、くるっと裏返します。

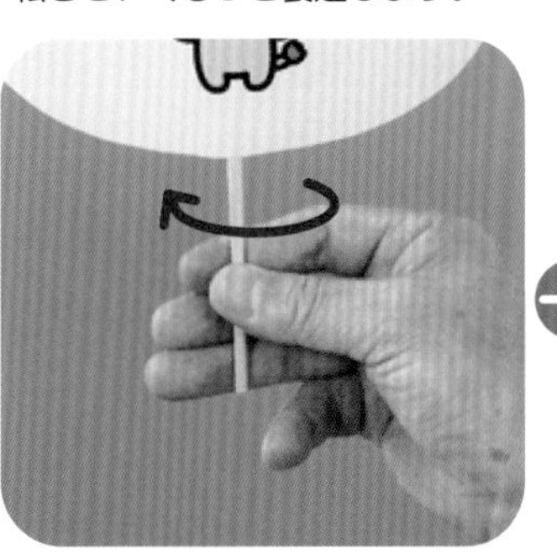

裏返したらぴたっと止めて、絵柄がしっかり見えるようにします。

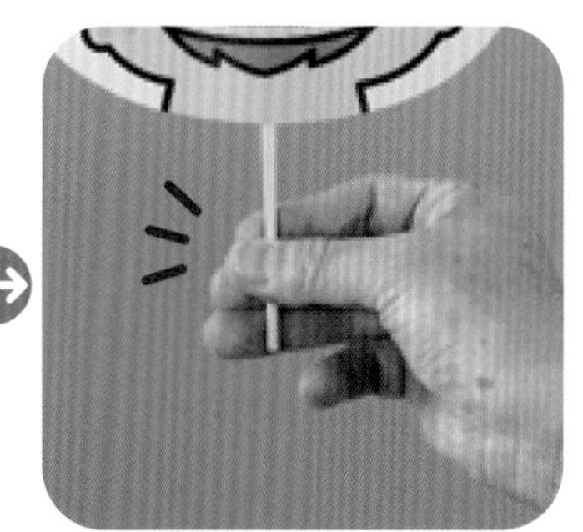

■歩く

歩く方向に絵人形の下を少し前に出し、す〜っと移動させます。

絵人形

絵人形はデータをコピー用紙に印刷したものを画用紙にはる、または、厚口のコピー用紙に印刷するなどして作ります。操作棒は割り箸、または広告紙の棒を使います。

操作棒（割り箸）の上部は、カッターで斜めに削っておくと、絵が膨らまずにスマートな仕上がりに。棒は、絵の 2/3 程度まで入れます。

表と裏で体の向きを変えたり、手足の動きや表情を変えたりなど、演じるお話に合わせて絵人形を変化させます。

表と裏で、絵の変化が大きいほうがわかりやすく、楽しいでしょう。

0·1·2 歳児なら

外形線を切るときは、表と裏の絵をはり合わせてから切ると簡単。外形線を残さないように少し内側を切ります。

表と裏のはり合わせは、スティックのり（強力タイプ）がお勧め。

■会話する

絵人形同士で会話するときは、話しているほうだけを少し動かします。

やってしまいがちな動かし方

歌のリズムに合わせて、上下や左右に大きく振ると、楽しそうに演じているつもりでも、肝心の絵人形がよく見えません。0・1・2 歳児は、ゆっくり動かしたほうがいいでしょう。

絵人形

■向きが変わる絵人形

手足の向きを表裏で変えておくと、右向き、左向きが表現できます。

■動きや変化を表したいときの絵人形

顔の表情や体のポーズなど、絵柄をがらりと変えて作ります。例えばポーズを変えた絵人形を連続で反転することで、動きの表現もできます。

■巻き込み絵人形

ストーリーがつながって見える、変わり種のペープサート絵人形です。巻き込んだ物を開いたり閉じたりするので、折り筋をしっかり付けておくのがポイント。台を使って片方の操作棒を固定すると、片手で絵人形を動かして開くことができるので、もう片方の手に別の絵人形を持つこともできます。

絵人形の立て方

複数の絵人形を使うときに、簡単に立てておける台があると便利です。粘土を使えば手軽に作れます。

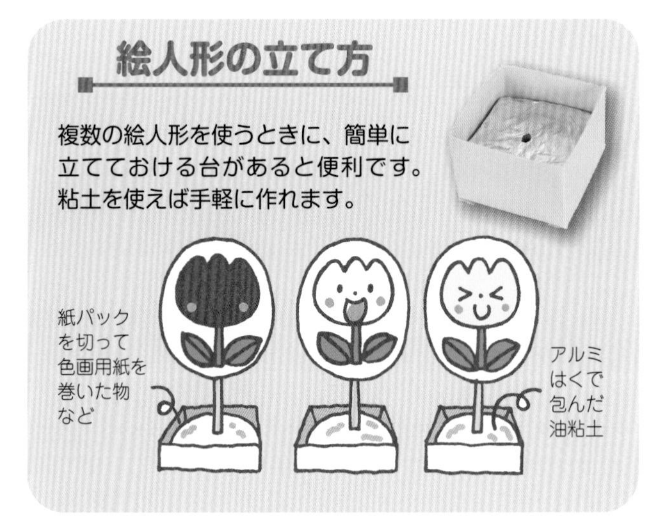

絵人形の作り方　カラーデータを紙に印刷して

用意する物

・厚口のコピー用紙
　※普通のコピー用紙にプリントアウトし、画用紙にはってもOK
・スティックのり（強力タイプ）
・割り箸（1本＝1/2ぜん、または1ぜん）
　または、広告紙やコピー用紙などを丸めた紙の棒
・両面テープ（10～15㎜幅）
・はさみ

ペープサートのきほん・豆知識

絵人形にマイナスのカーブは作らない

絵人形を切るときは、パネルシアターの絵人形のように、絵に沿ってマイナスのカーブで切ることはしません。プラスのカーブだけで、絵の周りを切り取りましょう。

●表・裏の絵が印刷されている場合

①

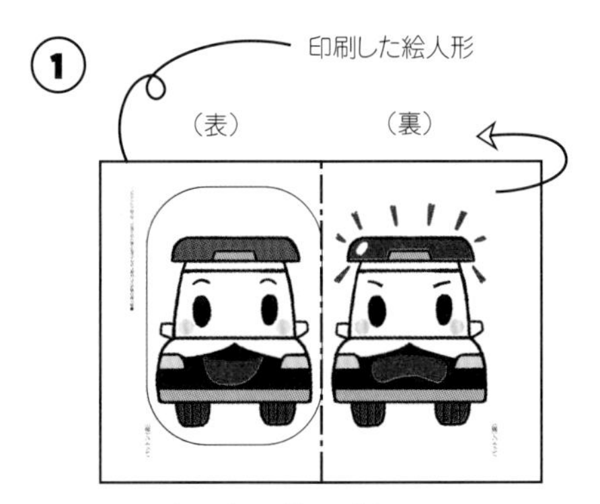

表と裏の絵の重なりに注意しながら、山折り線で裏側に折る

②

表の線に合わせて2枚重ねて切る

③

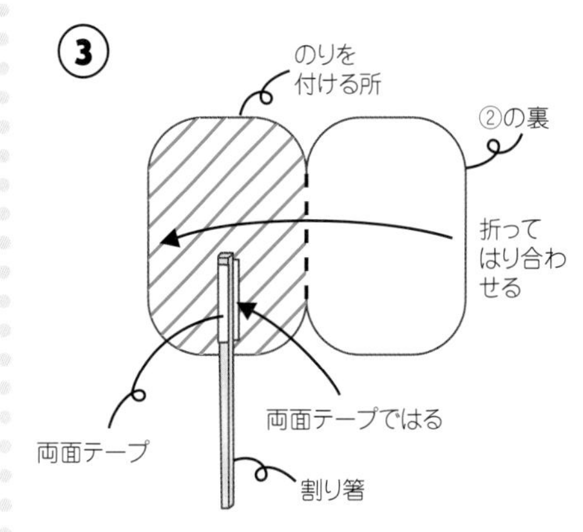

割り箸を挟んで、はり合わせる

●表と裏の絵が別々に印刷されている場合

①

表と裏の絵をそれぞれ点線で切り取る

②

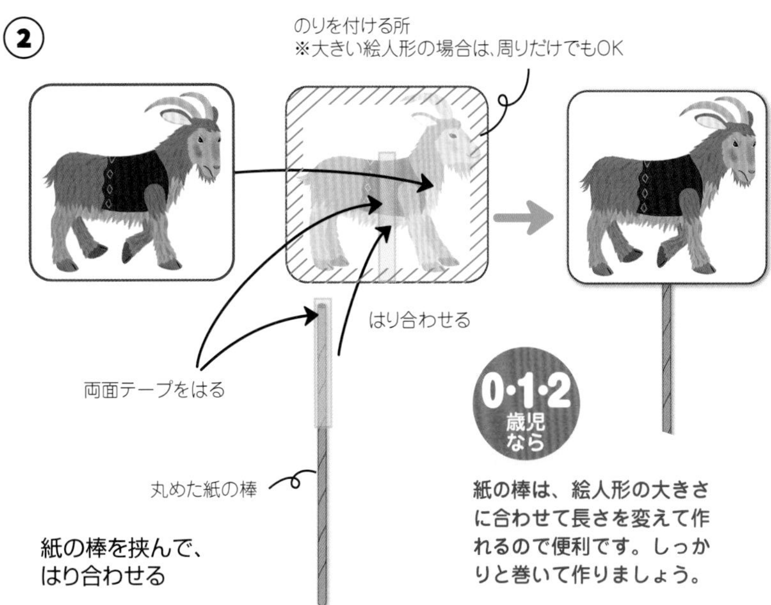

紙の棒を挟んで、はり合わせる

0・1・2歳児なら

紙の棒は、絵人形の大きさに合わせて長さを変えて作れるので便利です。しっかりと巻いて作りましょう。

ペープサート

絵人形の作り方

モノクロデータを利用して

用意する物

- 厚口のコピー用紙
- ポスターカラー、絵の具などの着色画材
- スティックのり（強力タイプ）
- 割り箸（1本＝ 1/2 ぜん、または 1 ぜん）または、広告紙やコピー用紙などを丸めた紙の棒
- 両面テープ（10 ～ 15㎜幅）
- はさみ

操作棒を割り箸で作るときは、安全のため、絵人形を子どもに渡さないようにしましょう。子どもに持たせる場合は、操作棒は、紙を丸めた物を使って。

絵人形は、いろいろな方法で作れます

■データや写真を利用して
イラストデータをコピー用紙に印刷した物や写真を、画用紙にはって作ります。厚口のコピー用紙に直接印刷した物なら、そのまま切って使えます。

■自由に絵を描いて
画用紙に自由に絵を描いた物を切って、割り箸を挟んではります。

①

モノクロデータを
印刷して着色する。

②

（裏）

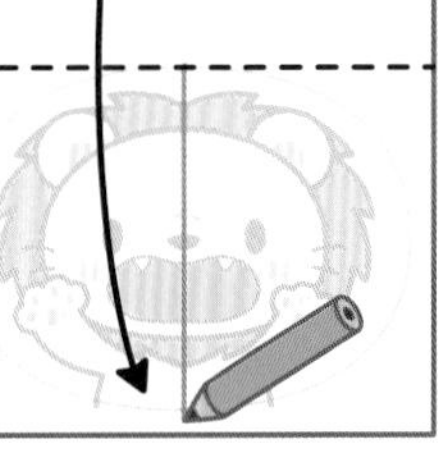

裏面に中心線を引き、
半分に折る。

③

絵人形の下端を
２枚合わせて切る。

④

（裏）

スティック
のりを塗る

両面テープ

割り箸

③を開き、表・裏とも両面テープで割り箸をはり、スティックのりを塗る。紙を巻いた棒でも同様。

⑤

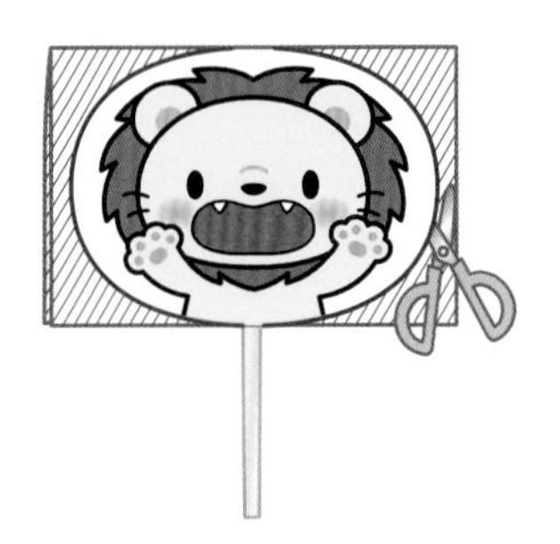

再び折ってはり合わせ、のりが乾かないうちに、外形線の内側を切る。

⑥

できあがり。
※操作棒の長さは、演じ方によって調整しましょう。

※ P.69 のように四角い絵人形の場合は、折り山が長いので先に切ってからはり合わせても OK。

イラスト／わたいしおり　絵人形イラスト／かいちとおる　西片拓史　村東ナナ　作り方イラスト／小早川真澄　高橋美紀

14 3匹のヤギのおはなし

1~2歳児

おなかをすかせた３匹のヤギ。おいしい草の茂る山を目指して、つり橋を渡ります。ところが、そこには怪物がすんでいて……。リズミカルな言葉と繰り返しのある展開が楽しいペープサートです。

案／山本省三　※ノルウェーの昔話をもとにしています。

14_3匹のヤギのおはなし

用意する絵人形

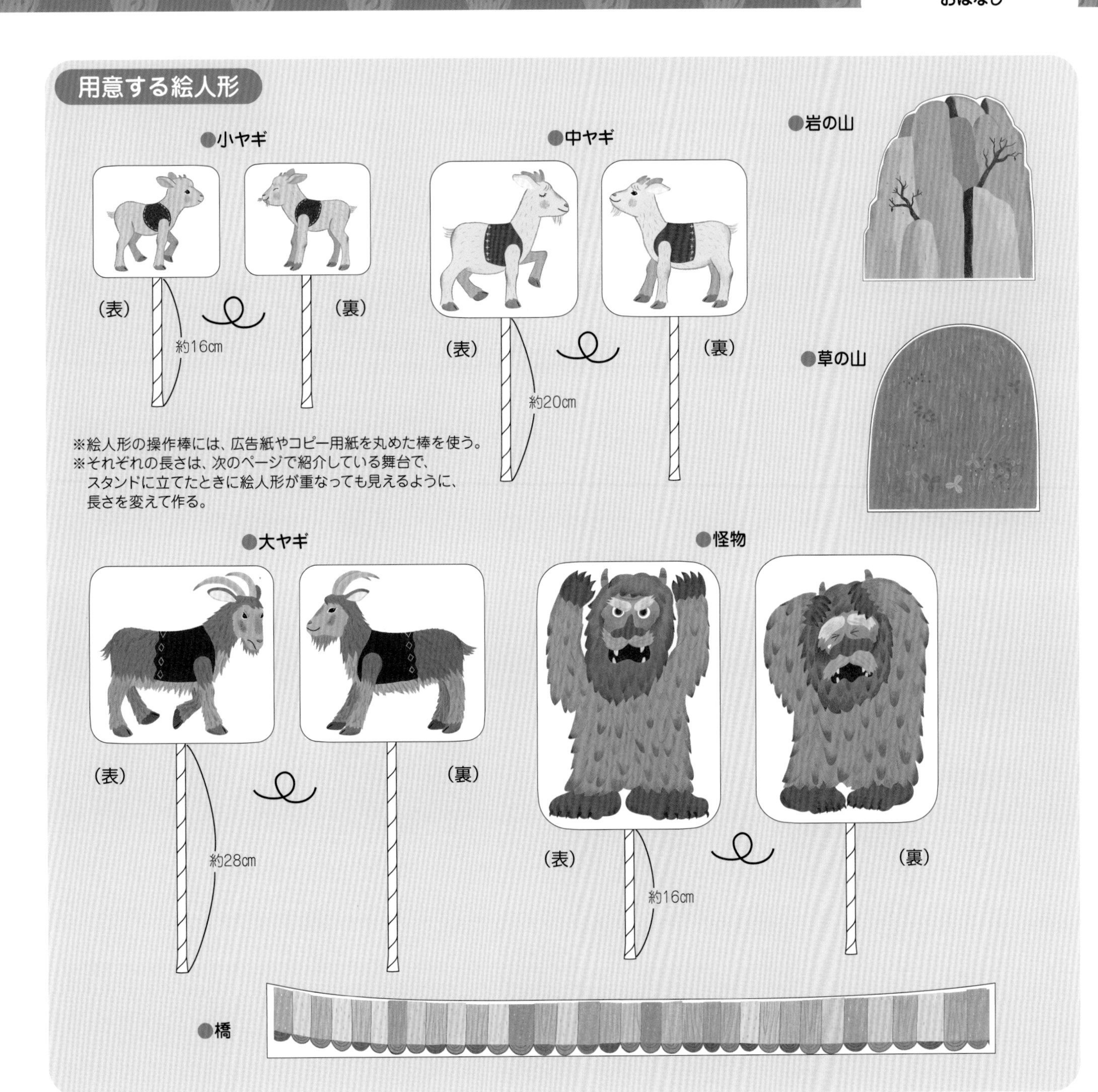

※絵人形の操作棒には、広告紙やコピー用紙を丸めた棒を使う。

※それぞれの長さは、次のページで紹介している舞台で、スタンドに立てたときに絵人形が重なっても見えるように、長さを変えて作る。

舞台の作り方

【裏側から見た所】

3匹のヤギを
それぞれ裏の
スタンドに
入れる

（裏）

セロハン
テープではる

紙芯

岩の山

重しに
なる物を
留めて
立たせる

切り込みを入れ内径を縮めて
セロハンテープを巻く

※草の山の裏側も
岩の山と同様。

重ねて両面テープで留める

裏でセロハンテープで留める

裏でセロハンテープで留める

草の山

岩の山

橋・左側

橋・中央

橋・右側

（布をかけた机）

保育者　**むかしむかし、ごつごつの岩の山に**
1匹、2匹、3匹のヤギが
すんでいました。
小ヤギ（表）から順に出す。

小ヤギ　**ペエ〜。**
中ヤギ　**メエ〜。**
大ヤギ　**ベエ〜。**
3匹を岩の山の裏のスタンドに立てる。

2

小ヤギ　**もっと草が食べたいよう。ペエ〜。**
そうだ、橋を渡って、草がいっぱいある
あっちの山に行こうっと。
保育者　**おやおや、橋の下に誰か隠れています。**
もしかして。怖〜い怪物かもしれません。
小ヤギ、橋を渡り出す。
小ヤギ　**♪トントントンカラリンのトントントン、**
草を食べにトンカラリンのペエ〜。

橋の下から怪物（表）を出す。

怪物　**ガンゴロゴーン、誰だあ。**
俺様の頭の上で歌なんかうたうやつは〜。
食べちゃうぞ〜。
小ヤギ　**ペエ〜、怪物だあ。**
どうか、食べないでください。
きっと後から、もっと大きな
ヤギが来ますから。ペエ〜。
怪物　**ガンゴロゴーン、本当だな。**
よし、渡ってもいいぞ。
小ヤギ　**ありがとう。ペエ〜。**
トントントンカラリン。
わあ、着いたよう！　ペエ〜。

小ヤギ、橋を渡り切り、裏返して草の山の裏のスタンドに立てる。怪物を橋の下に戻す。

4

中ヤギ　**あっ、いいな、メエ〜。**
僕も、あっちの山へ行こうっと。

中ヤギ、橋を渡り出す。

中ヤギ　**♪ドンドンドンガラリンの**
ドンドンドン、
草を食べにドンガラリンのメエ〜。

5

再び、橋の下から怪物を出す。

怪物　**ガンゴロゴーン、おまえだな〜。**
大きなヤギというのは〜。
食べちゃうぞ〜。
中ヤギ　**メエ〜、怪物だあ。**
お願い、食べないで。
きっともっと大きな
ヤギが来るはずさ。メエ〜。
怪物　**ガンゴロゴーン、うそじゃないな。**
よし、渡ってもいいぞ。

中ヤギ　**わ〜い、メエ〜。**
ドンドンドンガラリン。
着いた、着いた。

中ヤギ、橋を渡り切り、裏返して草の山の裏のスタンドに立てる。怪物を橋の下に戻す。

大ヤギ　**みんな、行ってしまったな。ベエ〜。**
あっちの山へ行ってみるとするか。

大ヤギ、橋を渡り出す。

大ヤギ　**♪デンデンデンガラデンのデデスケデン、**
草を食べにデンガラデンのベエ〜。

8

再び、橋の下から怪物を出す。

怪物　**ガンゴロゴーン、おまえかあ。**
もーっと大きいヤギってのは〜。
食べちゃうぞ〜。
大ヤギ　**ベエ〜、僕は食べられなんかしないぞ。**
頭の角で突っつくぞ〜。ベエ〜。

怪物、大ヤギに襲いかかる。

怪物 **ガンゴロゴーン、生意気な。**
食べてやる〜。
食べちゃうぞ〜。
大ヤギ **べべべべベエ〜！**
それ、突っついてやる。
ツンツクツーン！

大ヤギ、角で怪物を突く。

10

怪物を裏返す。

怪物 **ガンゴロギャア。**
いたたたた！　やめてくれえ。
ガンゴロギャギャギャーン！

橋から落ちて姿が消える。

大ヤギ **わあい！**
怪物をやっつけたぞ、ベエ〜。
デンデンデンガラデン。
着いだぞ。ベエ〜！

大ヤギ、橋を渡り切り、裏返して草の山の裏のスタンドに立てる。

11

保育者 **こうして、1匹、**
2匹、3匹、
3匹のヤギは、
おなかいっぱい
草を食べることが
できました。
小ヤギ **ペエ〜。**
中ヤギ **メエ〜。**
大ヤギ **ベエ〜。**

おしまい

ペープサート

絵人形イラスト／西片拓史　作り方イラスト／小早川真澄　出演／金重家如

15 パトロールカーのパットン

1~2歳児

はじめて交通ルールにふれる子どもたちのために、パトカーのパットンが、優しく教えてくれます。少しずつ交通ルールに親しんでいけるといいですね。
案／山本省三

15_パトロールカーの
パットン

用意する絵人形

●パットン

●キツネ

●ボール

●リス

●信号機

●ネズミ1

●ネズミ2

●カエル

●台（7個）

紙パックを切った物に色画用紙をはり、
アルミはくで包んだ油粘土を入れる。

台とパットン（表）を出す。

パットン　**プップー、僕、
パトロールカーのパットン。
今、危ないことが
起こらないように、
道路を走って
見回りをしているんだ。**

パットンを台に立てる。

パットンの前に、ボール（表裏どちらでもよい）が
転がってきたように出す。
　ボール　**コロコロコロ。**
パットン　**あれれ、道路にボールが転がってきたぞ。**

キツネ（表）を出し、ボールを追いかけるように動かす。
　キツネ　**ボールさん、待って、待って。**

ボールを下げ、パットンを台から外し
裏にして持つ。

パットン　**キキーッ、ピポーッ！**
　　　　　道路に飛び出し、危ないよ。
　　　　　歩道に戻って。
　キツネ　**ごめんなさい。**

パットン　**道路のそばでは、あそばないようにしようね。**

キツネを裏返す。
　キツネ　**はあい！**

キツネを下げる。

ペープサート

5

パットンを表にし、信号機（表）を台に立てる。
パットン　さあ、もっと見回りをしようっと。
プップー、歩行者の信号は赤だね。
リス（表）を出す。
リス　赤だけど、渡っちゃおうっと。
リス（表）を、道路を渡っているように動かす。

パットンを裏にする。
パットン　キキーッ、ピポーッ！　赤信号で渡ったら、危ないよ！
リス　急いでたの。
パットン　急いでいても、信号は必ず守らなくちゃ。
リス　はあい！

6

信号機を裏に、パットンを表にする。
パットン　はい、信号、青になったよ。

リスを裏にする。
リス　これからは、信号をよく見て、
青になったら渡りまあす！
リスと信号機を下げる。

7

パットン　さて、駐車場に止まって一休みしようっと。
パットンの後ろからカエル（表）を出す。
カエル　ケロケロ、お花のネックレス、作ろうっと。
パットンを裏にし、カエルを
パットンの前に出す。

パットン　ピポーッ！　カエルさん、こっちへ来て。
駐車場であそぶのは危ないよ。
カエル　ケロケロ、ごめんなさい。
パットン　車が出入りするからね。
それから、止まっていても車のそばでは
絶対にあそばないこと。

カエルを裏にする。
カエル　ケロケロ、はあい！
カエルを下げる。

8

パットンを表にして台に立てる。
パットン　また、見回りをしよう。
ネズミ1、2（表）を出す。
ネズミ1　押しちゃうチュウ。
ネズミ2　やめてよチュウ。

ネズミ2を、パットンの前に
飛び出したように動かす。
ネズミ2　わあ、すごい力だチュウ！

9

ネズミ2匹を片手で持って、空いた手でパットンを裏にして台に立てる。
パットン　キキーッ、ピポーッ！
道路を歩きながらふざけると危ないよ。
ネズミ1、2　ごめんなさい。
パットン　ふざけっこはやめて、車や人に注意して、
ぶつからないように気をつけて歩こうね。
ネズミ1、2を裏にする。
ネズミ1、2　はあい！
ネズミ1、2を下げる。

10

台をすべて出し、両端にパットン（表）と
信号機（裏）を立てる。
パットン　そろそろ見回りはおしまいにして帰ろうっと。
あっ、歩行者信号は青だから止まらなくちゃ。
登場した動物をキツネ（裏）、リス（裏）、
カエル（裏）、ネズミ2（裏）、ネズミ1（裏）の
順に立てていく。
パットン　わあ、みんな、信号を守って渡ってる。
えらいなあ。
みんな　パットン、危ないこと、もうしないからね。
教えてくれてありがとう。
パットン　ピーポー、みんな交通ルールを守って、
元気で過ごしてね。

おしまい

絵人形イラスト／かいちとおる　出演／原田ゆか（スペースクラフト）

16 すてきな友達

1~2歳児

今日はウサギのましろちゃんの誕生日。でもお友達はみんなどこかへ行ってしまいます……。くるくる開くとかわいい動物が登場する、仕掛けも楽しいシアターです。
案／リボングラス

用意する絵人形

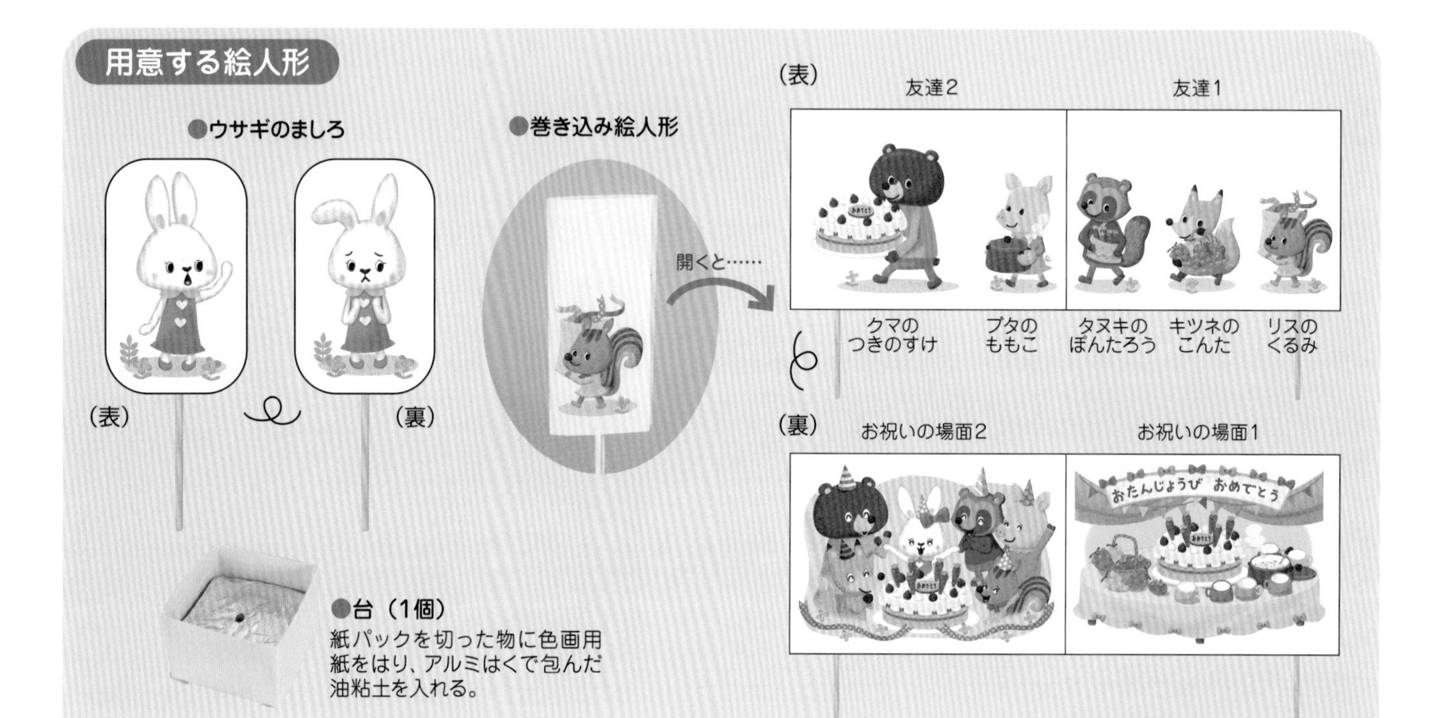

●台（1個）
紙パックを切った物に色画用紙をはり、アルミはくで包んだ油粘土を入れる。

巻き込み絵人形の作り方

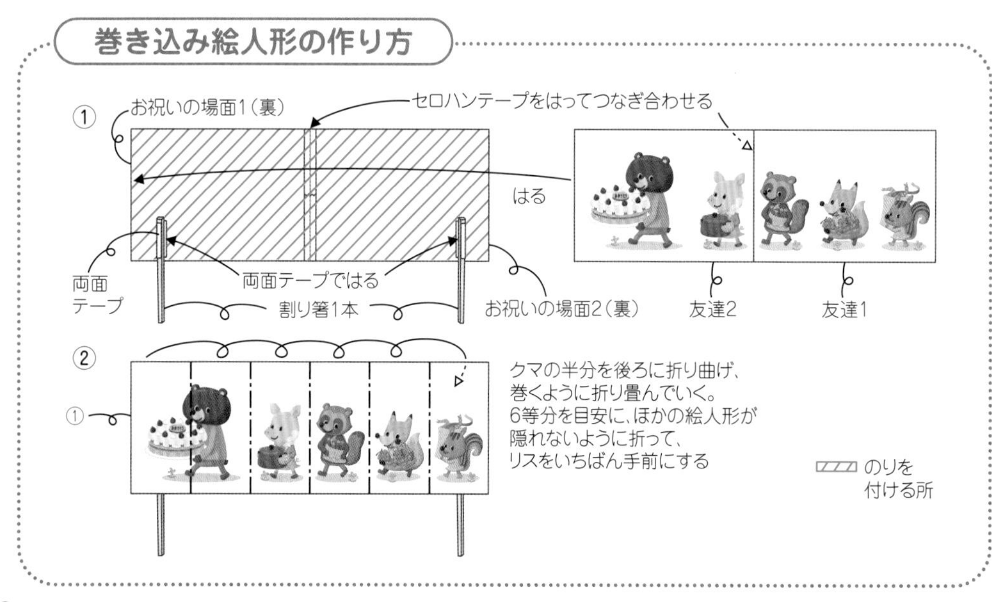

ワンポイント

「ウサギのましろ」の代わりに、誕生児の写真を使った絵人形にすれば、お誕生日会のお祝いシアターとして楽しむことができます。

左手側に台を置き、ウサギ（表）と
巻き込み絵人形のリスを出す。

保育者　**ウサギのましろちゃんがお散歩していると、友達の、リスのくるみちゃんに会いました。くるみちゃんは、かわいいピンクのリボンがたくさん入った袋を持っています。**

会話しているように、話しているほうの絵人形を動かす。

ウサギのましろ　**くるみちゃん、どこに行くの？**

リスのくるみ　**お友達のおうち。お友達はピンクが大好きだから、これを持っていくの。じゃあ、またね。**

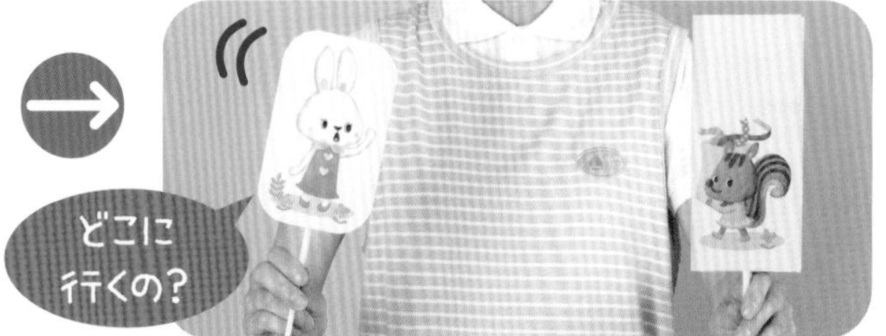

ウサギを裏返す。

保育者　**ウサギのましろちゃんは、私もピンクが大好きなんだけどなー、と思いました。**

もう１本の操作棒を動かして、キツネを正面に向けます。

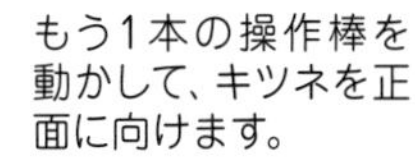

ウサギを表に戻す。
リス側の操作棒を台に立て、
もう一本の操作棒を動かして
キツネを出す。

保育者　**また、しばらく歩いていくと、今度はキツネのこんたくんに会いました。こんたくんは、おいしそうな果物がたくさん入ったかごを持っていました。**

会話しているように、話しているほうの絵人形を動かす。

ウサギのましろ　**こんたくん、どこに行くの？**

キツネのこんた　**お友達のおうち。**
お友達は、カキやブドウが大好きなんだ。
だから、これを持っていくの。
じゃあ、またね。

ウサギを裏返す。

保育者　**ウサギのましろちゃんは、**
私もカキやブドウが大好きなんだけどなー、
と思いました。

ウサギを表に戻す。操作棒を動かしてタヌキを出す。

保育者　**また、しばらく歩いていくと、**
今度はタヌキのぽんたろうくんに会いました。
ぽんたろうくんが肩からかけたバッグには、
ニンジンが何本ものぞいています。

会話しているように、話しているほうの絵人形を動かす。

ウサギのましろ　**ぽんたろうくん、どこに行くの？**

タヌキのぽんたろう　**お友達のおうち。**
お友達が大好きなこれを、持っていく
ところなんだよ。じゃあ、またね。

ウサギを裏返す。

保育者　**ウサギのましろちゃんは、**
私もニンジンがとっても、とっても
好きなんだけどなー、と思いました。

ウサギを表に戻す。操作棒を動かしてブタを出す。

保育者　**また、しばらく歩いていくと、**
今度はブタのももこちゃんに会いました。
ももこちゃんは、なんだかいい匂いのする
お鍋を抱えています。

会話しているように、話しているほうの絵人形を動かす。

ウサギのましろ　**ももこちゃん、どこに行くの？**

ブタのももこ　**お友達のおうち。**
お友達が大好きなシチューを作ってきたの。
じゃあ、またね。

ウサギを裏返す。

保育者　**ウサギのましろちゃんは、私もシチューが**
大好きなんだけどなー、と思いました。

7

ウサギを表に戻す。操作棒を動かしてクマを出す。

保育者　**また、しばらく歩いていくと、**
今度はクマのつきのすけくんに会いました。
つきのすけくんは、
大きなケーキを持っています。

会話しているように、話しているほうの絵人形を動かす。

ウサギのましろ　**つきのすけくん、どこに行くの？**
クマのつきのすけ　**お友達のおうち。**
今日はお友達の誕生日なんだ。
だからこれを持っていくところなんだよ。
じゃあ、またね。
ウサギのましろ　**お友達の誕生日って、今日は私……。**
保育者　**ましろちゃんが言いかけると、**
友達はみんな、そこにあるおうちの中に
どんどん入っていきます。
ウサギのましろ　**あれ！！**
保育者　**そこは、ましろちゃんのおうちでした。**

8

ウサギを下げる。台から操作棒を外し、お祝いの場面１を出す。

保育者　**ましろちゃんがおうちに入ってみると、**
テーブルの上には、ニンジンが飾られた大きなケーキ、
いい匂いのするシチュー、きれいな色の果物が並んでいます。
お部屋はピンクのリボンで飾られていました。

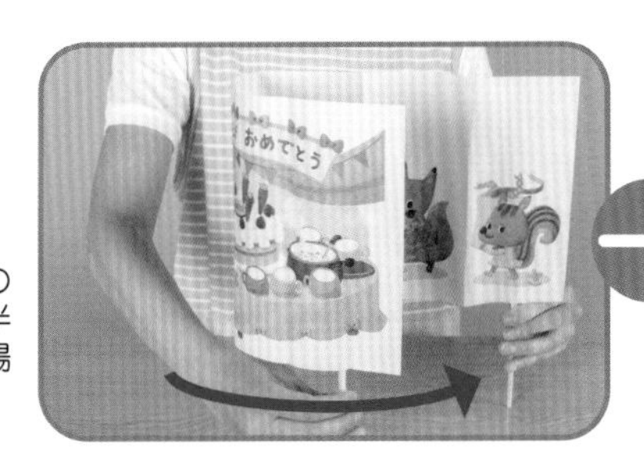

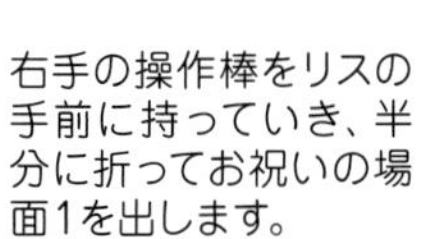
右手の操作棒をリスの手前に持っていき、半分に折ってお祝いの場面1を出します。

9

裏返してお祝いの場面２を出す。

みんな　**ましろちゃん、**
お誕生日おめでとう！
ましろちゃんを
びっくりさせたかったんだ。
保育者　**リスのくるみちゃんが、**
ましろちゃんの耳にも、
かわいいピンクのリボンを
結んでくれました。
よかったね。ましろちゃん、
お誕生日、おめでとう。

おしまい

絵人形イラスト／有澤好洋　作り方イラスト／高橋美紀　出演／岡田浩実

17 おばけのおいもほり

1~2歳児

かわいいおばけと一緒におイモ掘り。絵人形を楽しそうに動かして演じてみましょう。ハロウィンの時期にもぴったりのお話です。
案／山本和子

テーブルに台を３個並べ、
右端の台にイモ畑（表）を立てておく。

保育者 **ここは、おイモ畑。**
あっ、こぶたくんがやってきました。

こぶたくん（表）を出す。

こぶたくん **おイモ掘りしよっと！**
よし、大きいのを掘っちゃおう！

2

こぶたくんを裏返してイモ畑に少し重ね、
イモを抜くように左右に動かす。

こぶたくん　**これにしよう！**
それ、よいしょ！
よいしょ！　よーいしょ！
よーいしょ！

3

保育者　**おイモは、なかなか抜けないようですね～。**
あっ、ぞうちゃんがやってきましたよ。

ぞうちゃん（表）を出す。

ぞうちゃん　**わあ、こぶたくん、**
おイモ掘りをしているの？

こぶたくん　**ぞうちゃん、おイモが抜けなくて、**
僕、もう、へとへと～。

ぞうちゃんを裏返し、こぶたくんと一緒に
イモを抜くように左右に動かす。

ぞうちゃん　**こぶたくん、一緒に引っ張るね！**
いくよ！　よいしょ！　よいしょ！

こぶたくん　**よいしょ！　よいしょ！**

こぶたちゃんとぞうちゃんを片手で持って、
空いた手でイモ畑を裏返す。こぶたくんとぞうちゃんを
表に戻して、楽しそうに動かす。

保育者　**すぽーーーん！**
わあ、おイモが抜けました！

こぶたくん　**やったー！　大きなおイモ！**
ぞうちゃん、一緒に抜いてくれて、
ありがとう！

ぞうちゃん　**こぶたくんも、頑張ったから抜けたのよ。**

保育者　**2人が喜んでいると……。**

こぶたくんとぞうちゃんを片手で一緒に持ち、
イモ畑を下げてカボチャ（表）を台に立てる。
こぶたくんとぞうちゃんを両手で持ち直す。

こぶたくん　**あれれ？　おイモ畑にカボチャが？**
保育者　**するとカボチャが……。**

こぶたくんとぞうちゃんを
片手で一緒に持ち、カボチャを裏返す。
こぶたくんとぞうちゃんを
両手で持ち直し、驚いたように動かす。

保育者　**ぼわわわ～ん！**
こぶたくん　**きゃあ、カボチャのおばけだ～！**
ぞうちゃん　**これは誰かが作ったのよ。上手～！！**
作ったの、誰かなあ？

こぶたくんを台に立て、おばけくん（表）を出す。

おばけくん　**僕だよう。ひゅ～どろどろ～。**
こぶたくん　**きゃあ～、出たあ～！**
ぞうちゃん　**あれえ？**
おばけの格好をしているのは、だあれ？

おばけくん　**僕、本物のお～ば～け～だ～ぞ～。**
ぞうちゃん　**わあい、私、**
本物のおばけに会ってみたかったの！
一緒にあそぼ！
おばけくん　**わあ、うれしいな。**
僕ねぇ、おイモ掘りをしてみたいんだ。

ぞうちゃんを台に立ててからカボチャを下げ、
イモ畑（表）を台に立てる。

こぶたくん　**おばけくん、おイモ掘りしようよ！**
保育者　**さあ、おばけくんも一緒に、**
おイモ掘りが始まりましたよ。

こぶたくん（裏）とおばけくん（裏）を同じ手で持ち、
ぞうちゃん（裏）はもう片方の手で持って、
みんなでイモ掘りをしているように動かす。

みんな　**よいしょ！　よいしょ！　よーいしょ！**

こぶたくん（表）とぞうちゃん（表）を台に立て、
ジャンボイモを出す。

保育者　**すると、すぽーーーーん！**
大きな大きなおイモが抜けました！
おばけくん　**わあい、こぶたくん、ぞうちゃん、**
おイモ掘り、
一緒にやってくれてありがとう！

12

保育者　**おばけくんは、おイモを、**
おばけの国に持って帰ることにしました。
おばけくん　**おばけのみんなで、焼きイモにするよ。**
さようなら〜！

ジャンボイモを持ったおばけくんを、
飛んで行くように動かしてから下げる。

イモ畑を裏返し、
こぶたくんとぞうちゃんを持って、
楽しそうに動かす。

こぶたくん　**おばけく〜ん、さようなら〜！**
ぞうちゃん　**おばけくん、さようなら〜！**
保育者　**それから、こぶたくんもぞうちゃんも、**
掘ったおイモを焼きイモにして、
ほくほくおいしく食べたんですって！

おしまい

18 こんこんクシャンのうた

0~1歳児

「こんこんクシャンのうた」を歌いながら、りす、つる、ぶた、かば、ぞうの絵人形を動かして見せましょう。表裏で表情が違う絵人形なので、「♪クシャン」で絵人形を裏返して、マスクが外れるところを楽しみます。動物によって「♪クシャン」の声を変えると楽しいですね。
案／乳児造形研究会

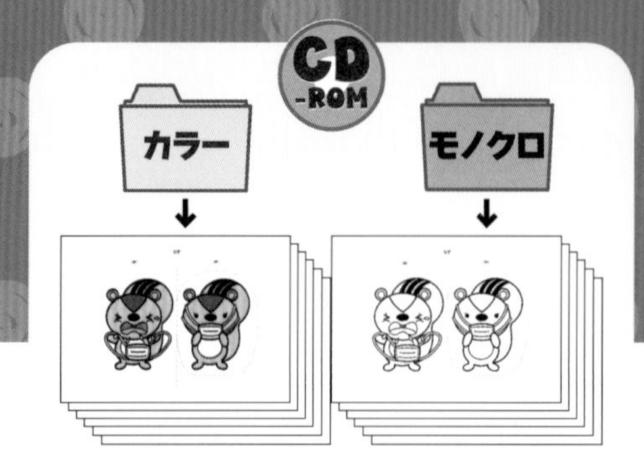

18_こんこんクシャンのうた　18_こんこんクシャンのうた

歌詞１番

♪りすさんがマスクした ちいさい～マスクした

りす（表）を見せながら、「こんこんクシャンのうた」１番を歌う。

♪コンコンコンコン クシャン

「♪クシャン」で、りすを裏返す。

ワンポイント

りすをイメージして、弾むような「♪クシャン」にします。ほかの動物も「♪クシャン」に変化をつけると楽しいでしょう。

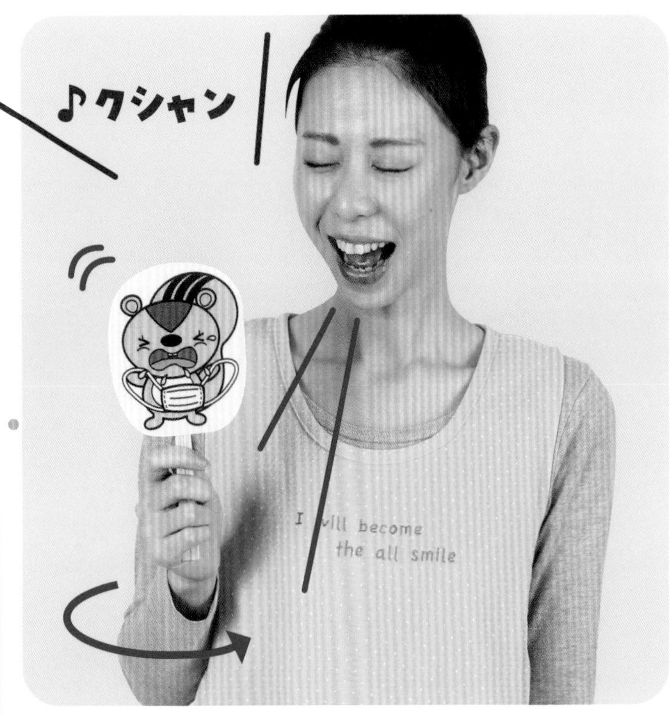

歌詞２番

♪つるさんがマスクした ほそい〜マスクした

つる（表）を見せながら、２番を歌う。

♪コンコンコンコン クシャン

「♪クシャン」で、つるを裏返す。

歌詞３番

**♪ぶうちゃんがマスクした
まるい〜マスクした**

ぶた（表）を見せながら、
３番を歌う。

**♪コンコンコンコン
クシャン**

「♪クシャン」で、ぶたを裏返す。

歌詞４番

**♪かばさんがマスクした
おおきい〜マスクした**

かば（表）を見せながら、
４番を歌う。

**♪コンコンコンコン
クシャン**

「♪クシャン」で、かばを裏返す。

ワンポイント

ぞうをイメージして、少しゆっくりと低めの声で歌ってみましょう。

7

歌詞５番

♪ぞうさんがマスクした　ながい～マスクした

ぞう（表）を見せながら、５番を歌う。

♪コンコンコンコン　クシャン

「♪クシャン」で、ぞうを裏返す。

おしまい

こんこんクシャンのうた

作詞／香山美子　作曲／湯山　昭

19 トリマーさん

1~2歳児

動物のお手入れをするトリマーさんのお店「どうぶつのかっとやさん」にやって来た動物たちは、みんな毛がなが〜く伸びていて誰だかわからない!! チョッキン、チョッキンとトリミングをしてあげると……。
案／小倉げんき

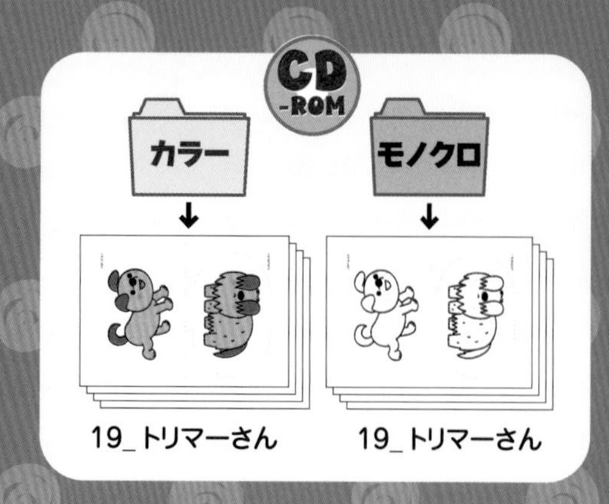

用意する絵人形

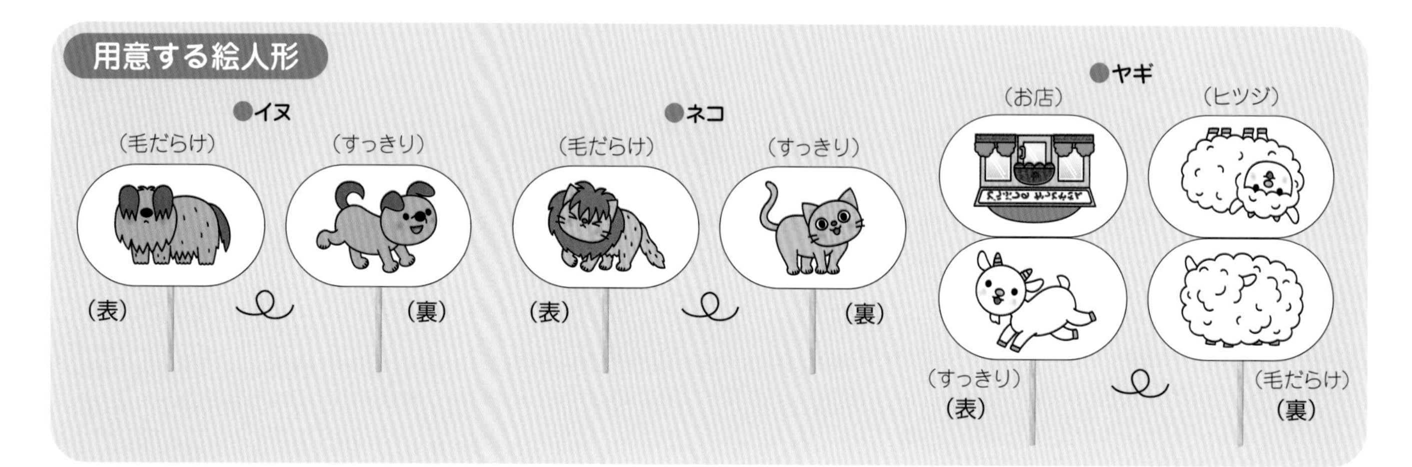

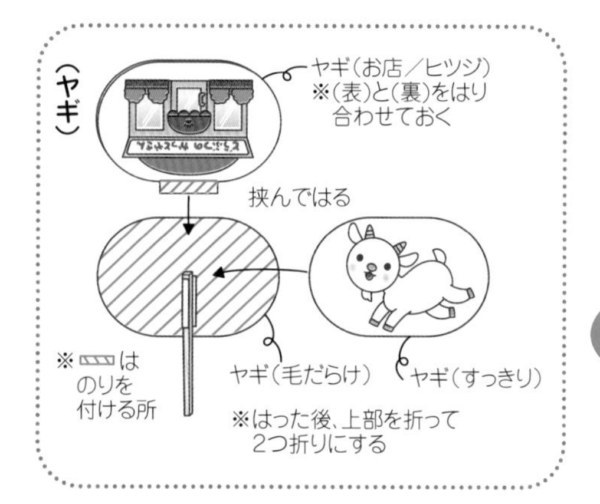

ヤギ（お店）を出す。

トリマー **みなさん、こんにちは！**
私はトリマーさんです。
トリマーっていうのは、
動物たちの毛を切る、
動物の散髪屋さんなんです。
さあ、今日は
どんな動物たちが来るかな。

ヤギ（お店）を下げる。

2

イヌ（表）を出す。
イヌ　おはようございます〜。

驚いた表情で。
トリマー　わっ！　すごい毛むくじゃら！
イヌ　もう、毛が伸びすぎちゃって、
歩いてもすぐに転んじゃって……。
トリマー　それは大変。
それじゃあ、きれいにしましょうね。

3

絵人形を持っていない方の手をはさみの形にして、イヌの周りをチョキチョキと毛をカットするように動かす。
トリマー　チョッキン、チョッキン、
きれいになあれ！

4

イヌを裏返す。
イヌ　ワンワン、ありがとうだワン！
おかげでとても歩きやすくなったワン！
トリマー　イヌさんだったんですね。
どういたしまして！
イヌ　それじゃあ、またよろしくね！
イヌを下げる。

トリマー　**次は誰が来るかな。**
ネコ（表）を出す。
ネコ　**あのう、すみません。**

驚いた表情で。
トリマー　**わっ！　ライオンさん!?**
ネコ　**違いますよ。毛が伸びすぎちゃって、ライオンさんに間違えられちゃうんですよ。**
トリマー　**あら、そうなんですね。それじゃあ、きれいにしましょうね。**

片手をはさみの形にして、ネコの周りをチョキチョキと毛をカットするように動かす。
トリマー　**チョッキン、チョッキン、きれいになあれ！**

ネコを裏返す。
ネコ　**ニャン、ニャン、ありがとうニャン！これでもうライオンさんと間違われないニャン！**
トリマー　**ネコさんだったんですね。どういたしまして！**
ネコ　**それじゃあ、またよろしくね！**
ネコを下げる。

ヤギ（お店）をめくり、ヤギ（毛だらけ）が見えるようにしておきます。

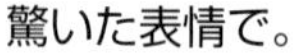

8

トリマー　**次は誰が来るかな？**
子どもたちから見えないところでヤギ（お店）をめくっておき、ヤギ（毛だらけ）を出す。
ヤギ　**もしもし……。**

驚いた表情で。
トリマー　**わっ！　何これ!?　雲かな!?**
ヤギ　**雲じゃないですよ。毛が伸びすぎちゃって、もう何がなんだか……。**
トリマー　**なんてことでしょう！それじゃあ、きれいにしましょうね。**

片手をはさみの形にして、ヤギ（毛だらけ）の周りをチョキチョキと毛をカットするように動かす。

トリマー　**チョッキン、チョッキン、きれいになあれ！**

ヤギ（毛だらけ）を裏返して、ヤギ（ヒツジ）を見せる。

トリマー　**あら、ヒツジさんだったんですね！**

ヤギ　**いえいえ、違います。ちゃんと切ってくださいよう。**

驚いた表情で。

トリマー　**ヒツジさんじゃなかったの!? それはごめんなさい。**

片手をはさみの形にして、毛をカットするようにチョキチョキ動かす。

トリマー　**チョッキン、チョッキン、きれいになあれ！**

ヤギ（ヒツジ）をめくって、ヤギ（すっきり）を見せる。

ヤギ（ヒツジ）の絵人形をめくって
ヤギ（すっきり）を見せます。

12

ヤギ　**メエ、メエ。ありがとメ〜！おかげですっきりしたメエ！**

トリマー　**ヤギさんだったのかあ！**

ヤギ　**それじゃあ、またよろしくね！**

ヤギを下げる。

トリマー　**ふう、今日も大忙しだったね。みんなのうちの近くにもトリマーさんはいるかな？また明日が楽しみだ！**

おしまい

絵人形イラスト／冬野いちこ　作り方イラスト／高橋美紀　出演／小倉げんき

20 赤鼻のトナカイ

1~2歳児

クリスマスでおなじみの歌を、子どもたちに絵人形を見せながら歌いましょう。操作棒は、割り箸ではなく、広告紙などを丸めた物を使うと安心です。
案／リボングラス

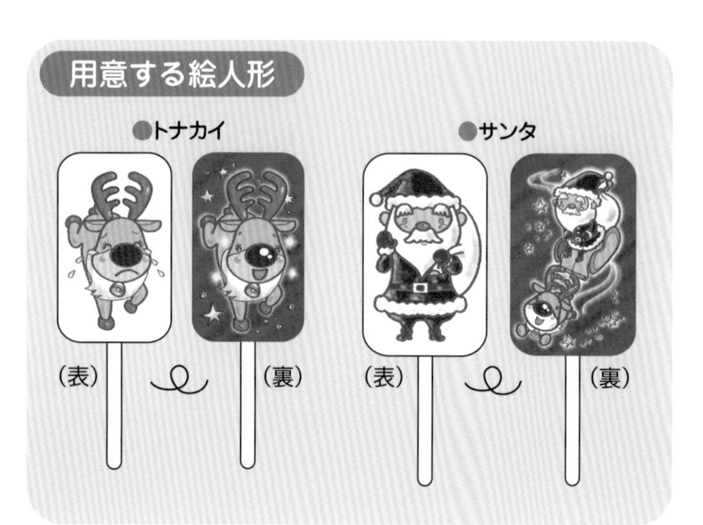

1 トナカイ（表）を出す。
保育者 **トナカイくん、どうして泣いているの？**
トナカイ **だって、赤いお鼻がおかしいって、みんなが笑うんだもん。**

2 トナカイ（表）を揺らしながら、「赤鼻のトナカイ」を歌う。

♪まっかな　おはなの　トナカイさんは
いつも　みんなの　わらいもの

3 サンタ（表）も出して、揺らしながら歌う。

♪でも　そのとしの　クリスマスのひ
サンタの　おじさんは　いいました

赤鼻のトナカイ

作詞・作曲／J・マークス　訳詞／新田宣夫

4

トナカイを裏返し、左右に振りながら歌う。

**♪くらい　よみちは　ピカピカの
おまえの　はなが　やくにたつのさ**

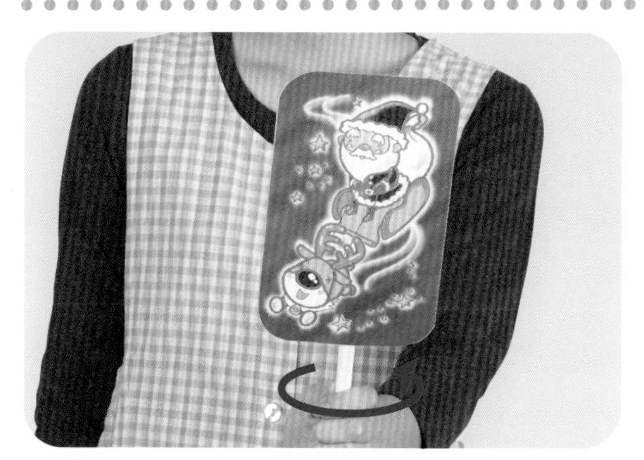

5

トナカイを下げ、サンタを裏返す。

**♪いつも　ないてた　トナカイさんは
こよいこそはと　よろこびました**

6

**保育者　サンタさんとトナカイくんは、
みんなにクリスマスプレゼントを届けに
夜空に消えていきました。**

サンタ（裏）をゆらゆら動かしてから下げる。

おしまい

絵人形イラスト／たかぎ*のぶこ　出演／鹿島香織

21 もう はるですよ！

1~2歳児

春の訪れを知らせるウサギちゃん。みんなは目を覚ましていきますが、クマくんは……。子どもたちの進級のお祝いにも使えるお話です。
案／山本和子

用意する絵人形

●ウサギちゃん

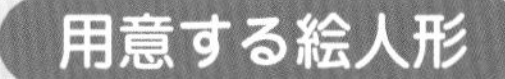

（表）　（裏）

●クマくん

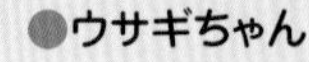

（表）　（裏）

●ツクシ

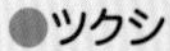

（表）　（裏）

●オタマジャクシ

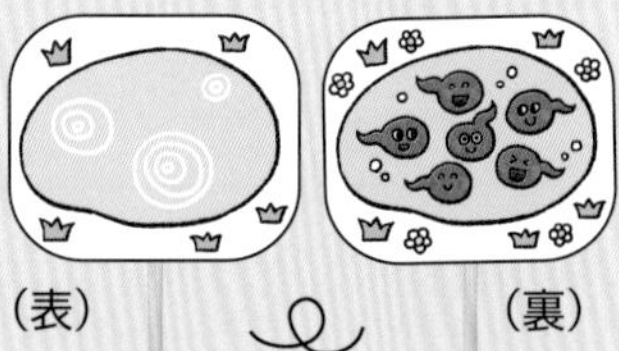

（表）　（裏）

●花

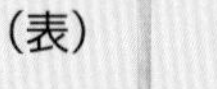

（表）　（裏）

●上着／ケーキ

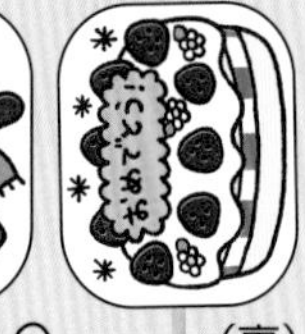

（表）　（裏）

●台（3個）

紙パックを切った物に色画用紙をはり、アルミはくで包んだ油粘土を入れる。表面に草の形に切った色画用紙をはっておく。

1

ツクシ、オタマジャクシ、花をそれぞれ台に立てて用意しておく。
最初にツクシ（表）をテーブルの中央に置く。

保育者　**あれ？**
誰かぴょんぴょん元気にやってきましたよ。
あっ、ウサギちゃん！

ウサギちゃん　**♪春、春、ららら、うれしいな～**

春らしい歌をうたいながら（適当なメロディーをつけて歌う）、ウサギちゃん（表）を元気そうに動かして出す。

クマくん（表）を出す。

保育者　**あれ？　誰かとことこやってきましたよ。**
あっ、クマくん！

クマくん　**あっ、大きいもも組さんのウサギちゃん！**

ウサギちゃん　**小さいたんぽぽ組のクマくん！**
もこもこ、いっぱい着ているね。もう春よ。

ワンポイント
園の組名に言い換えて演じてもいいですね。

クマくん　**もう春？**
でもまだ、ツクシが生えてないよ。

ウサギちゃん　**そうね。よし、教えてあげようっと。**

ウサギちゃんを裏返して、ツクシに呼びかけるように動かしながら。

ウサギちゃん　**ツクシさーん、もう春ですよー！**

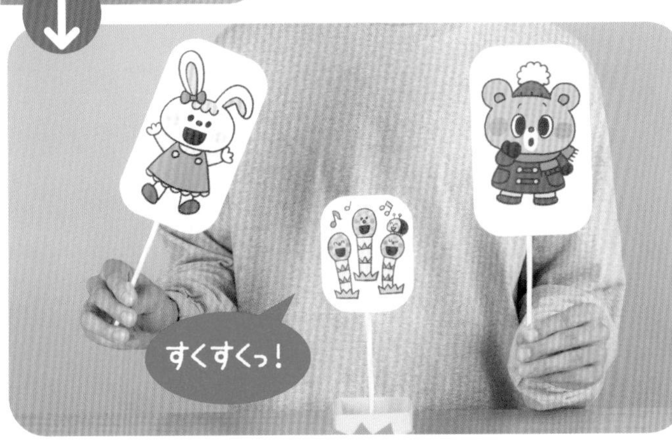

ウサギちゃんとクマくんを片手で持ち、ツクシを裏返す。

ツクシ　**はーい、もう春なんだね。**
すくすくっ！

ウサギちゃんをもう片方の手で持ち直して表にする。

ウサギちゃん　**ツクシが伸びてきた！**
ねっ、クマくん、もう春でしょう？

クマくん　**やっぱりもも組さんて、すごいな！**
春が来たのを知っているんだ。
でも……。

ペープサート

5

ウサギちゃんとクマくんを片手で持ってツクシを台ごと下げ、台に立てておいたオタマジャクシ（表）を出す。
ウサギちゃんをもう片方の手で持ち直して裏返す。

クマくん	**まだ池に、オタマジャクシがいないよ。**
ウサギちゃん	**よし、教えてあげようっと。 オタマジャクシさーん、もう春ですよ。**

6

ウサギちゃんとクマくんを片手で持ち、
オタマジャクシを裏返す。

オタマジャクシ	**はーい、もう春なんだね！ すいっすいっ。**

ウサギちゃんをもう片方の手で持ち直して表にする。

ウサギちゃん	**オタマジャクシがいっぱい！ ねっ、クマくん、もう春でしょう？**
クマくん	**やっぱりもも組さんて、すごいな！ 春が来たのを知っているんだ。 でも……。**

ウサギちゃんとクマくんを片手で持って、
オタマジャクシを台ごと下げ、
台に立てておいた花（表）を出す。
ウサギちゃんをもう片方の手で持ち直して裏返す。

クマくん	**お花がまだ咲いていないよ。**
ウサギちゃん	**よし、教えてあげようっと。 お花さーん、もう春ですよ。 あれ？　まだ寝ているみたい。 そうだ！　みんなも一緒に言ってね。 １、２の３！ お花さーん、もう春ですよー！**

子どもたちと一緒に呼びかける。

8

ウサギちゃんとクマくんを片手で持ち、花を裏返す。

花　**はーい、もう春なのね！**

ウサギちゃんをもう片方の手で持ち直して表にする。

クマくん　**わあ、お花がきれいに咲いた！**
やっぱりもも組さんて、すごいな！

ウサギちゃん　**そうだ、クマくん、**
みんなで歌をうたいましょ。

ふだん歌っている春や花の歌をうたう。

ウサギちゃんを花の台に一緒に立てる。

クマくん　**わあ、歌ったら、**
すっかりほかほか。
よし、もう春だから、
もこもこの上着は脱ごうっと。
それっ、すっぽーん！

クマくん（表）の後ろに上着を重ねてから、
さっと脱いだようにして下げる。
同時にクマくんを裏返す。

ウサギちゃん　**クマくんも春になったね！**

クマくん　**僕も、早く**
もも組さんになりたいな。
だって、かっこいいんだもん！

ウサギちゃん　**私は、もっと大きい**
チューリップ組になりたいわ。

ツクシ（裏）とオタマジャクシ（裏）を出して
花の横に並べ、ウサギちゃんを台から外して持つ。

保育者　**クマくん、ウサギちゃん、**
春には、楽しみなことがありますよ！

クマくん　**何かなあ……？　あっ、もしかして？**

保育者　**そう、一つ大きな組になれますよ！**

ウサギちゃん　**私はチューリップ組さん！**

クマくん　**僕は、もも組さんだ！**

ウサギちゃんとクマくんを片手で持ち、ケーキを出す。

保育者　**そう！　おめでとう！**
はい、一つ大きな組さんになる
お祝いのいちごケーキ！
ウサギちゃん　**わあ、ありがとう！**
クマくん　**うれしいな！**

12

ケーキを台に立てかけ、ウサギちゃんとクマくんを持って、子どもたちに語りかける。

ウサギちゃん
わあい、
チューリップ組さんに
なったら、頑張るわ。
一つお姉さんに
なるんだもん。

クマくん
僕も、もも組さんに
なったら、頑張るよ！
一つお兄ちゃんに
なるんだもん。

保育者
ウサギちゃんもクマくんも
張り切っていますよ。
みんなも楽しみですね！

おしまい

絵人形イラスト／鈴木えりん　出演／出口たかし

ユニーク シアター

保育者が顔を出して演じる紙芝居や
折り紙、クリアホルダーを使ったもの、
テーブルの上で絵人形を動かして演じるものなど、
ちょっとユニークな手法で楽しむシアターを紹介します。
昔話や童話など、みんながよく知っているお話が多いので、
アドリブも交えて楽しく演じましょう。

なりきり紙芝居

22 うらしまたろう

ー日本の昔話よりー

1~2歳児

登場人物の顔の部分に空けた穴から、保育者自身が顔を出して演じる紙芝居。大好きな先生の顔が見えているから、小さい子どもたちも安心です。
案／リボングラス

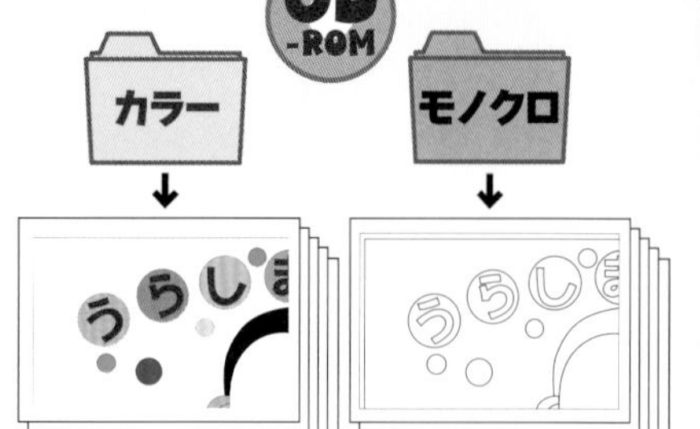

22_うらしまたろう　22_うらしまたろう

「22_うらしまたろう」フォルダの中に、あごひげと場面①～⑩の絵が、それぞれの場面ごとにA4大5枚つづりのデータとして収録されています。

用意する物

場面ごとに印刷した絵を四角い点線で切り取り、画用紙を台紙にして絵柄を合わせてはって、顔を出す部分を切り抜いて作ります。細い線は上からフェルトペンなどでなぞって太くしてください。

場面①

場面②

場面③

場面④

場面⑤

場面⑥

場面⑦

場面⑧

場面⑨

場面⑩

●あごひげ

印刷したデータに合わせて切った色画用紙

化繊綿

形を整えながらはる

木工用接着剤を付ける所

1

場面①を持って、顔を出す。

保育者
「うらしまたろう」
はじまり、はじまり～。

2

場面①を外し、場面②を持って、顔を出す。

保育者
昔、あるところに、浦島太郎という漁師が住んでいました。漁師というのは、お魚をとる仕事をしている人のことですね。だから、海のそばに住んでいましたよ。
ある日、子どもたちがカメをいじめているのに出会った太郎は、「生きものをいじめちゃいけないよ」と子どもたちをしかりました。

3

場面②を外し、場面③を持って、顔を出す。

保育者　**太郎は、助けたカメを
海に帰してあげました。
カメは何度も太郎のほうを
振り返りながら、
何度もお礼を言って
海へ帰っていきました。**

4

場面③を外し、場面④を持って、顔を出す。

保育者　**2、3日して太郎が海で魚をとっていると、カメが顔を出しました。
「おや、おまえはこの間のカメではないか」。
太郎が助けたカメは、お礼に太郎を竜宮城というすてきな所に案内してくれるというのです。**

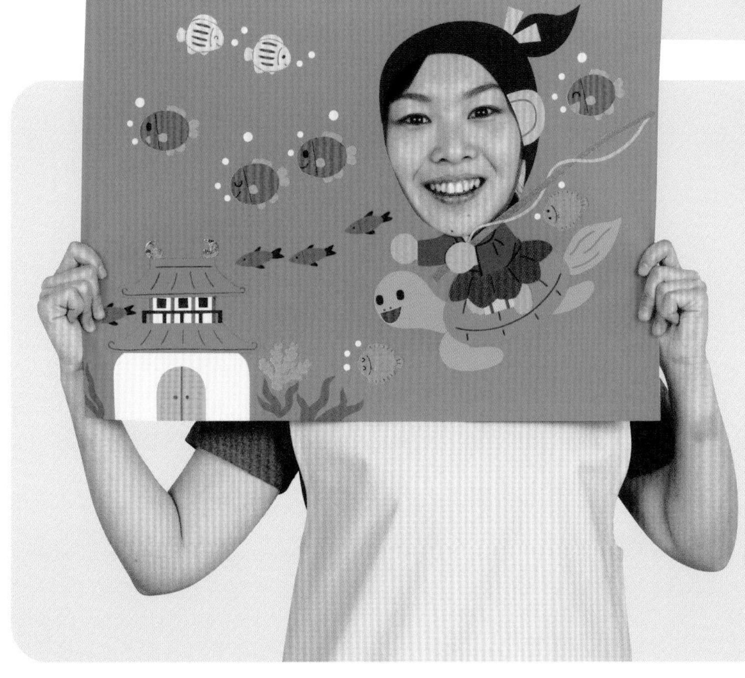

5

場面④を外し、場面⑤を持って、顔を出す。

保育者　**カメは太郎を背中に乗せると、海の中に潜っていきました。
水の中なのに息ができて、不思議と少しも苦しくありません。海の底には見たこともないような立派な建物がありました。
竜宮城です。**

場面⑤を外し、場面⑥を持って、顔を出す。

保育者　**竜宮城では、とてもきれいな乙姫さまが出迎えて、カメを助けてくれた太郎にお礼を言いました。**

場面⑥を外し、場面⑦を持って、顔を出す。

保育者　**竜宮城に入ると、たくさんのごちそうが用意され、魚たちが踊ったり歌ったり……。夢のような、楽しい毎日が続きました。**

場面⑦のまま変えず、寂しそうな表情で。

保育者　**ところが、何日かすると太郎は、ふと、浜の家に残してきたお母さんのことが心配になりました。太郎はすっかり元気がなくなってしまいました。**
「おっかさんは元気にしとるだろうか……。心配なので帰ることにします」。

9

場面⑦を外し、場面⑧を持って、顔を出す。

保育者　**帰ることになった太郎に、乙姫さまは、お土産にと玉手箱をくれました。**
決して開けてはいけないと言われた玉手箱を持って、太郎はまたカメの背中にまたがり、浜へと帰っていきました。

10

場面⑧を外し、場面⑨を持って、顔を出す。

保育者　**浜に着いた太郎は家へと向かいます。ところが、浜の様子がずいぶんと違います。すれ違う人も知らない顔ばかり、懐かしい我が家もお母さんの姿もどこにもありません。**
「おっかあ……」。
急に寂しくなった太郎は乙姫さまからもらった玉手箱のことを思い出しました。

11

場面⑨を外し、場面⑩を持って、顔を出す。

保育者　**太郎は思わず玉手箱を開けてしまいました。すると、中から白い煙がもく、もく、もく……。**

あごひげを付ける。

保育者　**竜宮城で、ほんの何日かだけあそんでいたと思ったのに、もう何十年もの月日がたっていたのです。若者だった太郎は、あっという間に真っ白なひげのおじいさんになってしまいました。**

おしまい

ひげの裏には、輪にしたセロハンテープまたは、両面テープをはっておきます。

イラスト・製作／高瀬のぶえ　作り方イラスト／高橋美紀　出演／萩原明日香

23

折り紙シアター

おむすびころりん

ー日本の昔話よりー

1~2歳児

23_ おむすびころりん

絵柄が表になるように2枚のイラストをはり合わせた正方形の紙を、折っておむすびを作ります。折り畳んだおむすびを少しずつ広げて演じましょう。

案／リボングラス

―・―・― 山折り
- - - - - 谷折り

① データをコピー用紙に印刷した物

〈表面〉と〈裏面〉を左図のように上下ではり合わせる

〈裏面〉 〈表面〉

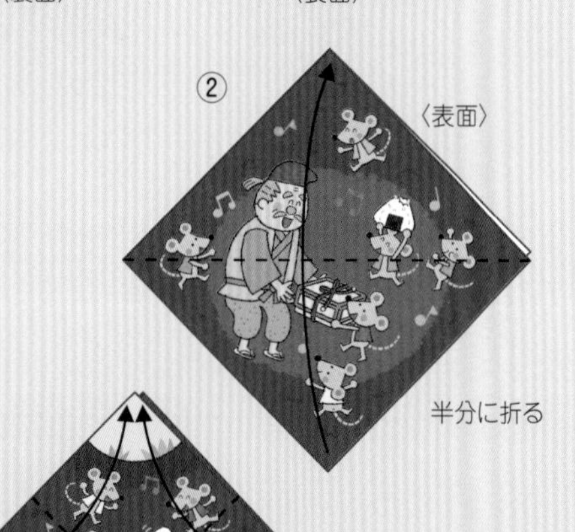

③ 折る

図を拡大する

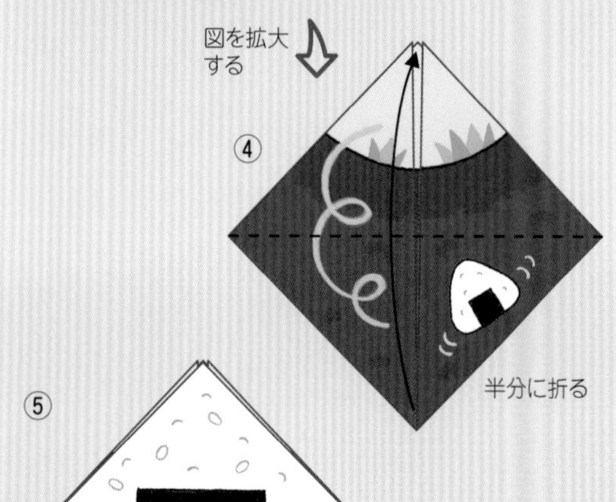

保育者 **おじいさんが、山に仕事に行くので、おばあさんがおむすびを作ってくれました。**

おむすびを両手で持って見せます。

保育者 **山に着いたおじいさんは、お昼ご飯に、おむすびを食べようとしました。**

おじいさん **やあ、これはおいしそうだ！いただきま～す。**

おむすびを食べようとします。

おむすびを落とすしぐさをします。

保育者 **あれれ～。おじいさんは、おむすびを落としてしまいました。おむすびは、「ころころころりん、ころころりん」と転がって、穴の中に入ってしまいました。**

三角のおむすびを下に開きます。

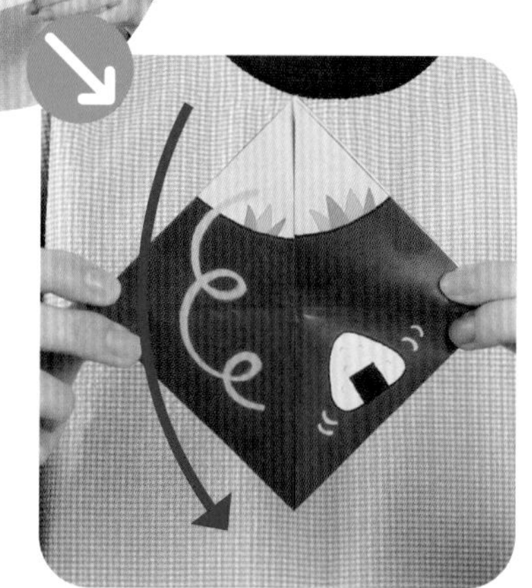

3

保育者から見て左側だけ横に開きます。

保育者　**穴の中には、**
ねずみたちがいて、
おむすびが転がって
きたので大喜びです。

もう片方も横に開きます。

ねずみたち　**おむすびころりん**
すっとんとん！
おむすびころりん
すっとんとん！

保育者　**穴の中では**
ねずみたちが、
おむすびを囲んで、
大喜びで
歌ったり踊ったり
していました。

5

上の三角の角を下に開き、
おじいさんを指さします。

保育者　**もっとよく見ようと穴の中をのぞいた**
おじいさんは、自分も
穴の中に落ちてしまいました。

ねずみが持っているおむすびを指さしながら。

保育者　**歌ったり踊ったりしている**
ねずみたちを見て、
楽しくなったおじいさんは、
ねずみたちに残りのおむすびを
分けてあげました。

宝箱を指さしながら。

保育者　**お礼にねずみたちは、**
おじいさんにお土産をあげました。

ねずみたち　**おじいさん、ありがとう！**

おしまい

イラスト／町塚かおり　作り方イラスト／高橋美紀　出演／金重家如

24

テーブルシアター

三匹のこぶた

ーイギリスの昔話よりー

1~2歳児

三匹のこぶたやおおかみ、わらの家、木の家、れんがの家を作り、テーブルの上に置いて演じましょう。保育者がおおかみになって息を吹きかけ、家を倒すのがポイントです。

案／リボングラス

用意する物

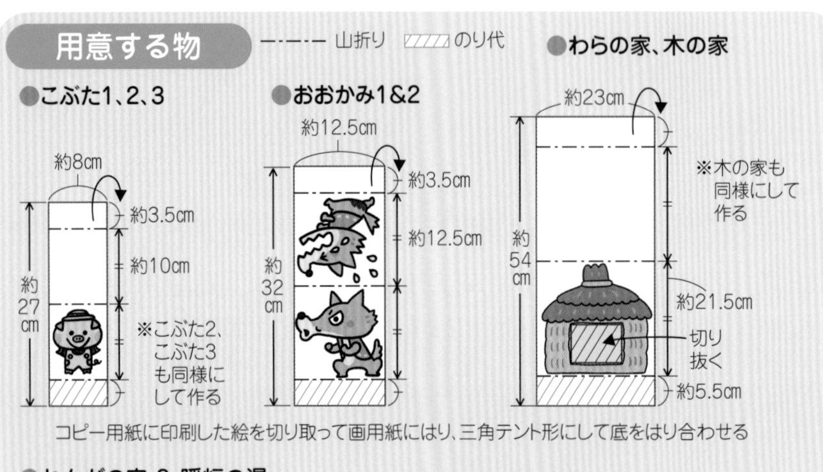

コピー用紙に印刷した絵を切り取って画用紙にはり、三角テント形にして底をはり合わせる

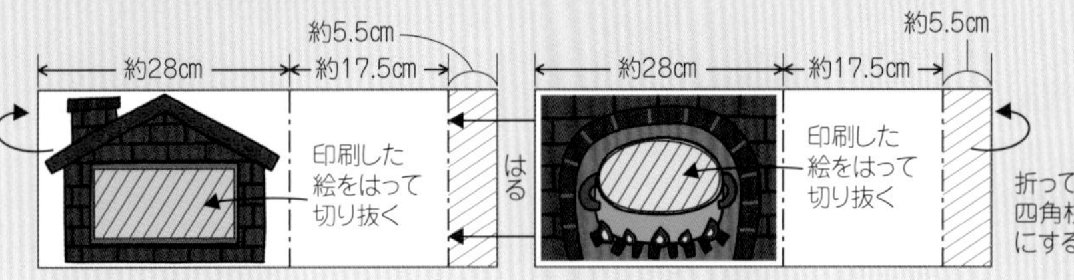

1

こぶた1、2、3を順に
テーブルの上に出していく。

保育者　**ある所に、三匹のこぶたがいました。三匹のこぶたは、大きくなったので、自分たちの家を作ることにしました。**

2

こぶた1を残し、
こぶた2、3を引っ込めて、
わらの家を出す。

保育者　**1番上のこぶたは、わらの家を作りました。**

こぶた1　**わらを運んで、ら～くらく！ほうら、できたよ。うれしいな！**

3

こぶた１をわらの家に入れて、おおかみ１を出す。

保育者　**そこへおなかをすかせた**
おおかみが、やって来ました。

おおかみ　**クンクン、こぶたのいい匂いがするぞ。**
よ〜し、わらの家なんか
吹き飛ばして、食べちゃうぞ！

おおかみ１をわらの家に
息を吹きかけるように動かしながら、
保育者も息を吹きかけ、わらの家を倒す。

おおかみ　**フー！**

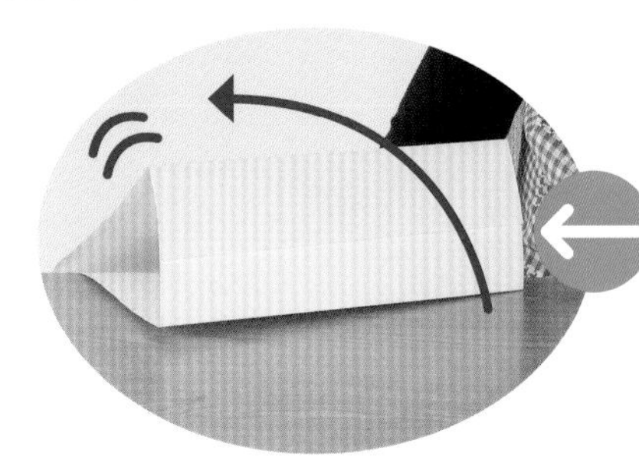

4

こぶた１とわらの家、おおかみを引っ込め、
こぶた２と木の家を出す。

保育者　**２番目のこぶたは、**
木の家を作りました。

こぶた２　**木を運んで、トントントン！**
わ〜い、できたよ。
うれしいな！

こぶた２を木の家に入れて、
こぶた１を出す。

こぶた１　**助けて〜！**
おおかみが来たよ。

5

こぶた１を木の家に入れて、
おおかみ１を出す。

保育者　**１番上のこぶたは、木の家に入りました。**
そこへまた、おなかをすかせたおおかみが、
やって来ました。

おおかみ　**クンクン、こぶたのいい匂いがするぞ。**
よ〜し、木の家なんか吹き飛ばして、
食べちゃうぞ！

おおかみ１を木の家に息を吹きかけるように
動かしながら、保育者も息を吹きかけ、
木の家を倒す。

おおかみ　**フー、フー！**

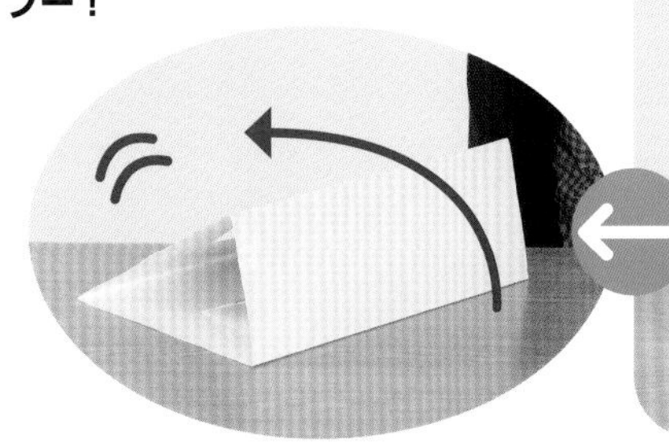

こぶた１、２と木の家、おおかみを引っ込め、
こぶた３とれんがの家を出す。

保育者　**３番目のこぶたは、**
れんがの家を作りました。

こぶた３　**れんがを運んで、うんとこ、どっこい！**
やっと、できたよ。丈夫なおうち！

こぶた３をれんがの家に入れて、
こぶた１、２を出す。

こぶた１　**助けて〜！**

こぶた２　**おおかみに家を**
吹き飛ばされちゃった。

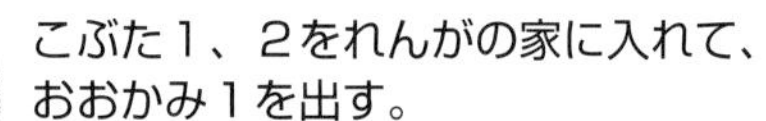

こぶた１、２をれんがの家に入れて、
おおかみ１を出す。

保育者　**１番上のこぶたと２番目のこぶたは、**
れんがの家に入りました。
そこへまた、おなかをすかせた
おおかみが、やって来ました。

おおかみ　**クンクン、こぶたのいい匂いがするぞ。**
よ〜し、れんがの家だって
吹き飛ばして、食べちゃうぞ！

おおかみ１を、れんがの家に息を吹きかけるように
動かしながら、保育者も息を吹きかける。

おおかみ　**フー、フー、フー！**

保育者　**でも、れんがの家は倒れません。**

おおかみ　**おかしいな。**

おおかみ　**そうだ！　煙突から入ろう。**
よいしょ、よいしょ！

おおかみ１をれんがの家の屋根に登らせる。

保育者　**おおかみは屋根に登って、**
煙突から家の中に入ろうとしました。

おおかみ１を家の中に入れながら、
もう片方の手でれんがの家を回転させて、
反対側の面の暖炉の湯を見せる。
保育者　**そのころ、暖炉のお鍋には、
熱いお湯がたっぷり。
おおかみは、その中に落ちてしまいました。
ポッチャーン！**

おおかみ１を裏返しておおかみ２にし、
家の外に出す。
おおかみ　**あっちち～！　助けて～。**
保育者　**おおかみは、逃げていきました。**

11

暖炉の湯を取り去り、
こぶた１、２、３を並べ直して、
万歳をする。
保育者　**ばんざ～い！
三匹のこぶたは大喜びです。
それからは、みんなで仲良く、
一緒に暮らしました。**

おしまい

25

テーブルシアター

おおかみと七匹のこやぎ

ーグリム童話よりー

1~2歳児

紙芯におおかみやお母さんやぎ、こやぎたちの顔をはり付けた絵人形を、テーブル上で動かして演じます。家の中と外は、舞台の書き割りのように、1枚のカードの表と裏で場面を変えます。

案／リボングラス

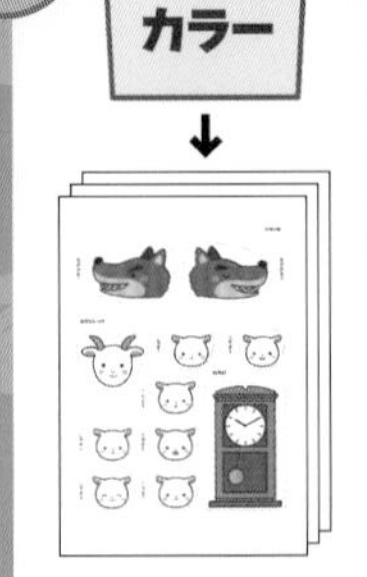

25_ おおかみと七匹のこやぎ

用意する物　CD-ROMに収録されているデータを厚手の印刷用紙に印刷して切り取ります。厚手の印刷用紙がない場合は、普通紙にコピーして、厚紙にはります。

紙芯を高さ2.5～3㎝の輪切りにし、1.5～2㎝の切り込みを2か所に入れて、家の外壁とドアと家の中を表裏にはり合わせたものを差し込みます。柱時計も同様の紙芯に差し込みます。

柱時計　家の中・裏　こやぎ1～7　お母さんやぎ

家の外壁とドア・表　おおかみ2　おおかみ1

お母さんやぎは、直径約4㎝×高さ約11㎝の紙芯に、こやぎは、その紙芯を半分に切って顔をはります。

おおかみ1、2は、それぞれ高さ約11㎝×長さ38㎝の色画用紙を直径約5㎝の筒状に丸めて顔をはります。

テーブルの上に家の中と柱時計、その前にお母さんやぎとこやぎ1～7を並べて置く。

保育者　**昔、昔、ある所に、**
お母さんやぎと七匹のこやぎが住んでいました。
ある日、お母さんやぎは、
買い物に出掛けることになりました。

片手でお母さんやぎを持ち、こやぎたちに話しかけるように動かす。

お母さんやぎ　**お母さんが帰るまで、**
絶対にドアを開けてはいけませんよ。
おおかみが来て、食べられちゃいますよ。

もう片方の手でこやぎ1～7を順番に持って、返事をする。

こやぎたち　**は～い！　は～い！　は～い！**
は～い！　は～い！　は～い！　は～い！

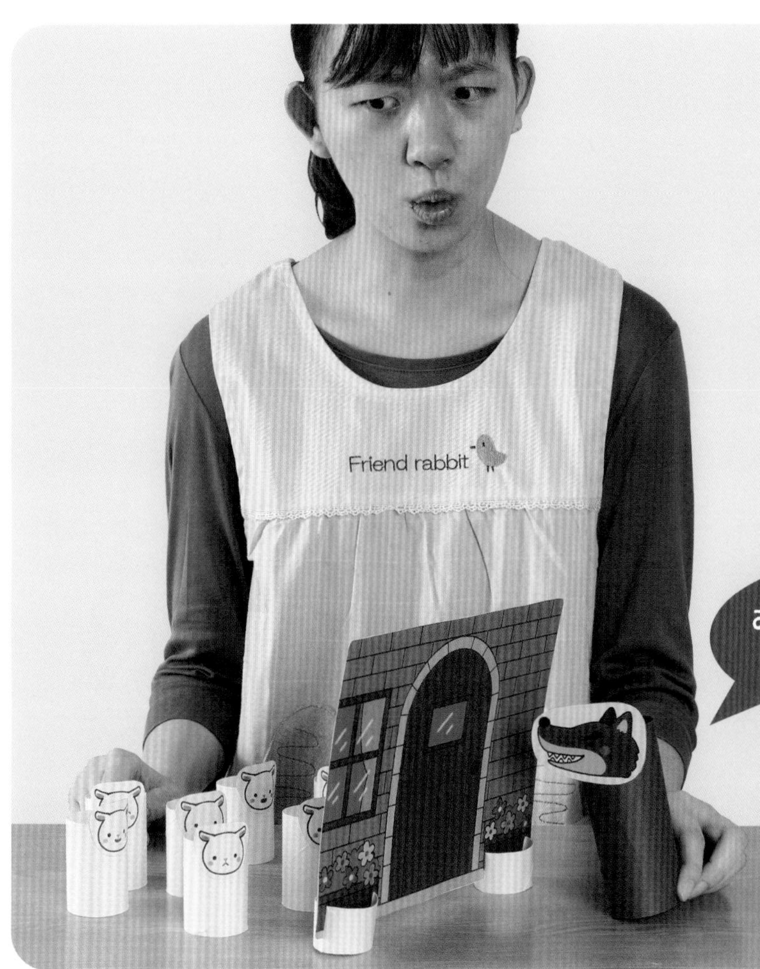

お母さんやぎを引っ込め、家の中を裏返し、家の外壁とドアが見えるように斜めに置く。左手におおかみ１を持って出す。

保育者　**しばらくすると、おおかみがやって来ました。**

おおかみ１をドアの前で動かしながら、お母さんやぎの声をまねしているように話す。

おおかみ１　**トントントン、お母さんですよ。ドアを開けて！**

家の外壁とドアを裏返して、家の中が見えるようにして置く。左手におおかみ１、右手にこやぎを持って動かしながら。

こやぎ　**違うよ。**
お母さんじゃないよ。
そんなガラガラ声じゃないもん！

保育者　**おおかみは帰っていきました。**

おおかみ１を引っ込める。

※この後、あめをなめてきれいな声になったおおかみが、再びこやぎたちの家にやってきて、「足の色が違うから、お母さんじゃない」と言われて帰る場面と、白い粉を塗って足を白くしたおおかみが家にやってくる場面は、❷→❸→❷→❸→❷→❸→❷を繰り返して見せます。

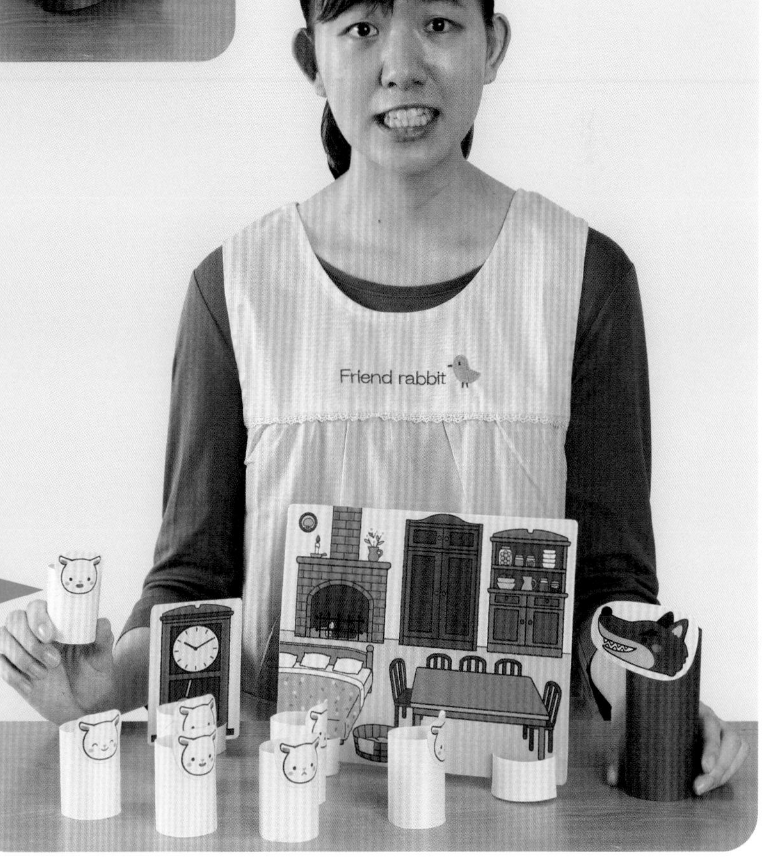

こやぎたち　**足も白いし、声もきれいだから、**
きっとお母さんだ！

保育者　**こやぎたちは、**
ドアを開けてしまいました。

家の外観とドアを裏返して、家の中にし、
おおかみ１を家の中入れるように動かす。

こやぎたち　**キャー！　おおかみだ〜！**
助けて〜。

こやぎたちを右手で持ち、逃げるように動かす。

保育者　**こやぎたちはびっくりして、**
机の下、ベッド、暖炉、戸棚、
タンス、洗濯おけ、柱時計など、
家のあちこちに隠れました。

こやぎ７は、柱時計の後ろに隠す。

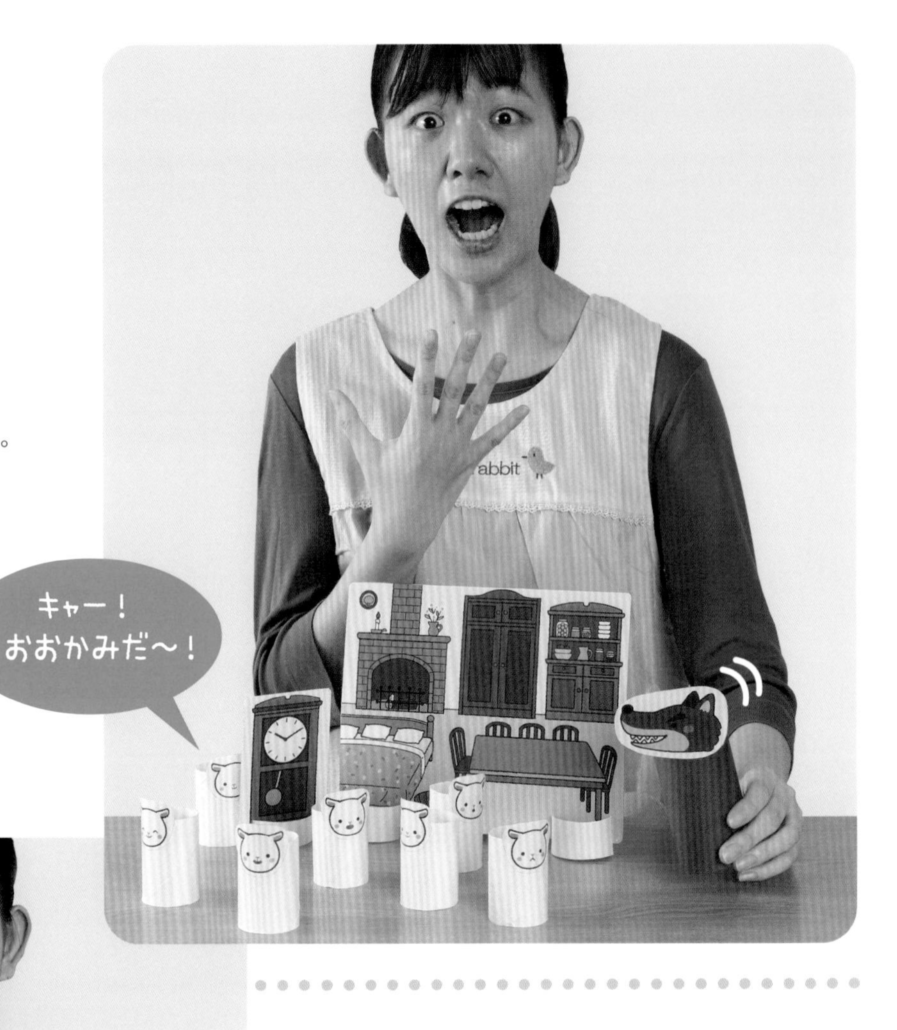

保育者　**でも、おおかみは**
次々とこやぎを見つけて、
飲み込んでしまいました。

おおかみ１をこやぎにかぶせながら、

おおかみ１　**パクリ！**

かぶせたままテーブルの手前の縁まで運び、
テーブルの下でこやぎを外して引っ込める。
同様に残り五匹のこやぎも順に引っ込める。
引っ込めたこやぎたちは、❼で出しやすいよう、空き箱などに入れておく。

おおかみ１　**パクリ！　パクリ！**
パクリ！　パクリ！
パクリ！

おおかみ１を引っ込める。

6

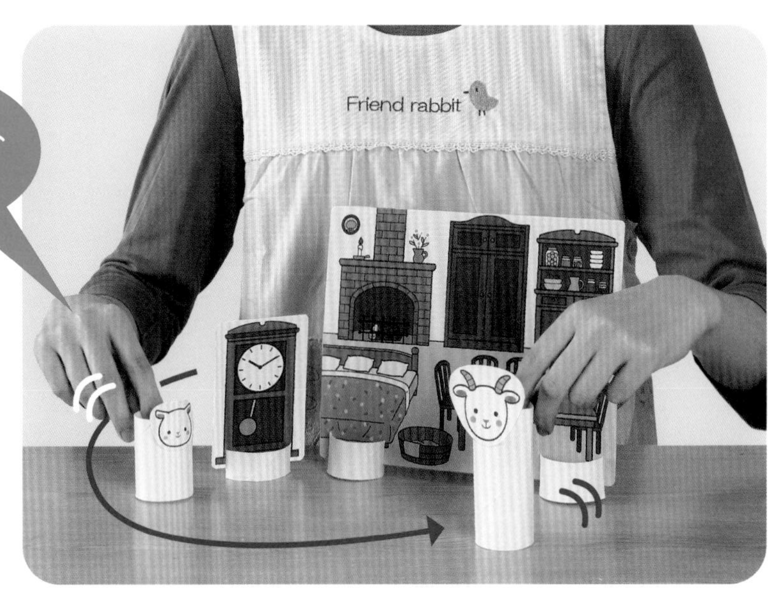

保育者　**そこへお母さんやぎが帰ってきました。**

左手にお母さんやぎを持って出す。

こやぎ7　**お母さ〜ん、怖かったよ。おおかみが来て、みんな食べられちゃったんだ。**

右手にこやぎ7を持ち、柱時計の裏から出して、お母さんやぎに近づける。

家の中や柱時計を引っ込めて、おおかみ2を横にして出す。

保育者　**お母さんが外へ出ていくと、おおかみが寝ていました。そこで、お母さんやぎは、はさみでおおかみのおなかを切ってみました。チョキチョキチョキ！**

中指と人さし指をはさみの刃に見立てて、おおかみ2のおなかを切るまねをする。

保育者　**すると、こやぎたちが一匹、二匹と、みんな元気に飛び出してきました。**

引っ込めていたこやぎたちを、順に飛び出るように出す。

こやぎたち　**ピョン！　ピョン！　ピョン！**
ピョン！　ピョン！　ピョン！
お母さん、助けてくれてありがとう！

保育者　**お母さんやぎもこやぎたちも、大喜び。**

おしまい

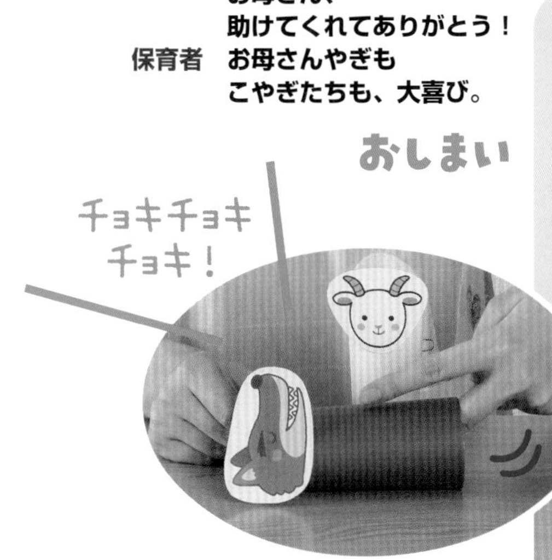

26 巻き巻きシアター ももたろう

－日本の昔話より－

1~2 歳児

CD-ROM のデータを印刷し、表と裏の絵をはり合わせ、左右をはりつないで細長くした紙の両端に棒を付けて巻きます。巻き物を広げるように、場面ごとに少しずつ広げて絵を見せて演じましょう。

案／リボングラス

用意する絵人形（棒付きの巻き物）の作り方

① 切り取った「ももたろう1」の裏に「ももたろう3」をはった物　切り取った「ももたろう2」の裏に「ももたろう4」をはった物

2枚を突き合わせて、表裏両面からセロハンテープではる

② 切り取り線に沿って上下半分に切り分けた物

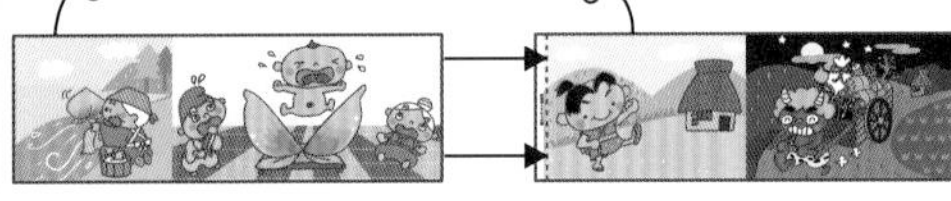

接着面に接着剤、または両面テープを付けて、はる位置に合わせてはる

③

紙の棒を表裏両面からセロハンテープではる

A4大のコピー用紙を斜めにきつく巻き、直径約8mmくらいにしてセロハンテープではり留め、長さ約21cmに切った紙の棒

※右側から巻いておく

1 左手の棒に巻いてある紙を、少し広げて最初の場面を見せる。

保育者　**おばあさんが、川で洗濯をしていました。すると、遠くから「どんぶらこ、どんぶらこ」と大きなももが流れてきました。**

2

右手の棒で巻き取りながら、
左手の棒に巻いてある紙をさらに広げて、
次の場面を見せる。

保育者　**おばあさんが家にももを持ち帰り、割ってみると、中から元気な赤ちゃんが生まれました。オギャー、オギャー。名前は「ももたろう」にしました。**

3

右手の棒で巻き取りながら、
左手の棒に巻いてある紙をさらに広げて、
次の場面を見せる。

保育者　**ももたろうは、すくすくと元気に大きくなりました。**

右手の棒で巻き取りながら、
左手の棒に巻いてある紙をさらに広げて、
次の場面を見せる。
保育者　ある日、悪い鬼が村に泥棒に入り、
宝物を盗んでいきました。

右手の棒で巻き取りながら、左右の棒を持ち替え、巻き物を裏返す。左手の棒に巻いてある紙を少し広げて、裏面の最初の場面を見せる。
保育者　そこで、ももたろうは、
鬼退治に行くことにしました。
おばあさんは、おいしい
きびだんごを作ってくれました。

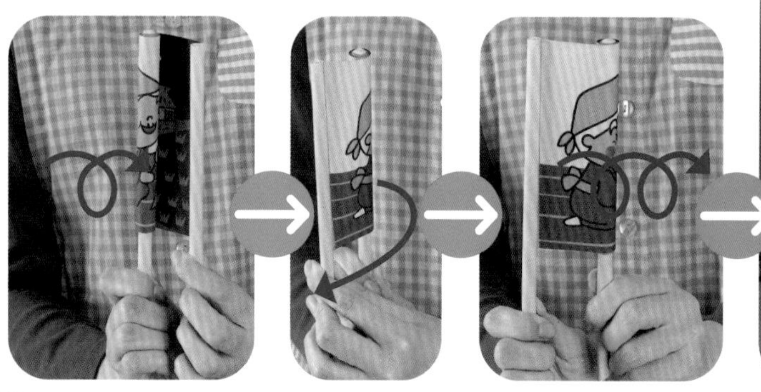

右手の棒で巻き取りながら、
左手の棒に巻いてある紙をさらに広げて、
次の場面を見せる。

保育者	**歩いていると、 いぬがやって来ました。**
いぬ	**ワンワン、きびだんごを１つください。**
ももたろう	**いいよ。**
保育者	**いぬは、鬼退治に 一緒に行くことになりました。**
さる	**ウッキッキー、僕も欲しいな。**
ももたろう	**いいよ。**
保育者	**さるも仲間になりました。**
きじ	**ケーン、ケーン、私にもください。**
ももたろう	**いいよ。**
保育者	**きじも仲間になりました。**

右手の棒で巻き取りながら、
左手の棒に巻いてある紙をさらに広げて、
次の場面を見せる。

保育者 **ももたろうたちは、鬼ヶ島に着きました。
ももたろうは、
いぬとさるときじと一緒に大暴れ。
鬼は「ごめんなさい」と謝って、
盗んだ宝物を返してくれました。**

8

右手の棒で巻き取りながら、
左手の棒に巻いてある紙をさらに広げて、
最後の場面を見せる。

保育者 **ももたろうは宝物を持って、
おばあさん、おじいさんが待っている
村に帰りました。**

おしまい

イラスト／たかぎ*のぶこ　作り方イラスト／高橋美紀　出演／金重家如

27 クリアホルダーシアター うさぎとかめ ーイソップ寓話よりー

1~2歳児

B4大のクリアホルダーに背景1～4の絵を挟み、クリアホルダーの表面に、形に切り取ったうさぎとかめや池の魚を輪にしたセロハンテープで、はったり、はがしたりしながら動かして演じます。
案／リボングラス

用意する物

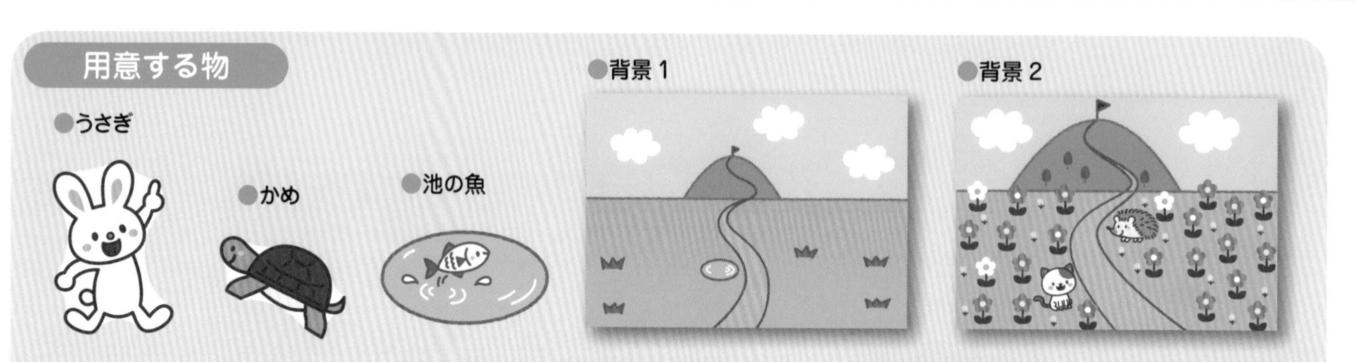

●背景4

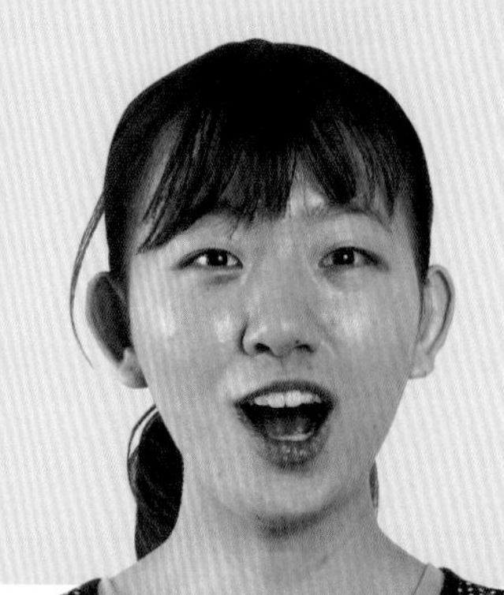

B4大のクリアホルダーに、背景1～4の絵を上から順に重ねて挟み、クリアホルダーの表面には、輪にしたセロハンテープでうさぎとかめをはる。

保育者　**ある日、うさぎがかめに言いました。**
うさぎ　**あの山のてっぺんまで、どっちが早いか、かけっこしよう！**
かめ　**いいよ。**
保育者　**うさぎはそう言うと、あっという間に駆け出して、見えなくなってしまいました。**

うさぎを取り外す。

2

保育者　かめは、ゆっくり
歩き出しました。

池の魚をはり、かめの位置を動かす。

保育者　途中、池の横を通ると、
魚が跳ねて、応援してくれました。

3

クリアホルダーから池の魚を取り去って、背景１を抜き取り、背景２にしてかめの位置を動かす。

かめ　わあ、お花がいっぱい！
きれいだなあ。

保育者　かめはゆっくり、
でもしっかりと進んでいきます。

ねこやはりねずみを指さしながら。

保育者　途中、ねこやはりねずみが
応援してくれました。

クリアホルダーから、背景２を抜き取り、背景３にしてかめの位置を動かす。

保育者　山に登ろうとすると、
先に行ったはずのうさぎが、
お昼寝をしていました。

かめ　お〜い、うさぎさん、
先に行くよ〜。

かめの位置を動かし、うさぎを追い越す。

保育者　かめは声をかけましたが、
うさぎは、
グーグー寝ています。

5

クリアホルダーから、背景３を抜き取り、背景４にする。
旗を持っているように、かめの位置を動かす。

保育者　かめが山のてっぺんに着くと、
うさぎが慌ててやってきました。

再び、うさぎをはる。

うさぎ　しまった！　寝過ごした！
でも、かめさんはすごいなあ。

おしまい

イラスト／わたいしおり　出演／金重家如

28 クリアホルダーシアター
のりもの GO! GO! GO!

1~2歳児

車に乗って、お出掛けです。誰が乗っているのかな？どこへ行くのかな？　クリアホルダーにセットしておけば、お誕生日のシアターとしてすぐに使えます。
案／浦中こういち

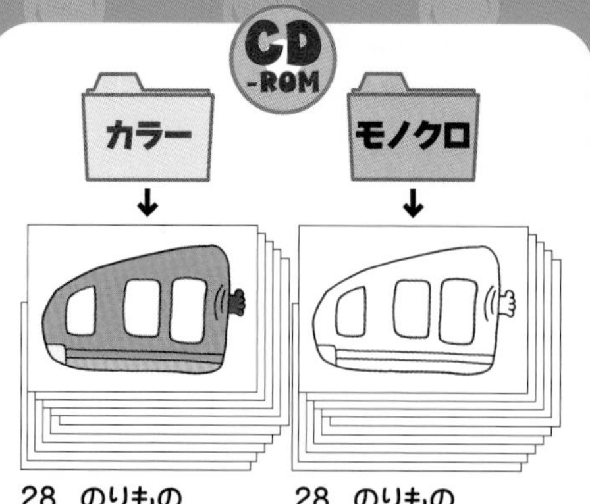

28_ のりもの GO! GO! GO!　28_ のりもの GO! GO! GO!

用意する物

ニンジンの車　ウサギ

バナナの車　ゴリラ

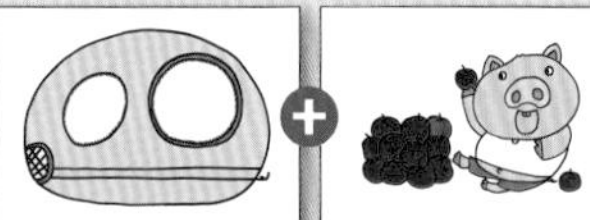

鼻の車　ブタ

パンツの車　おに

ケーキの車　コック

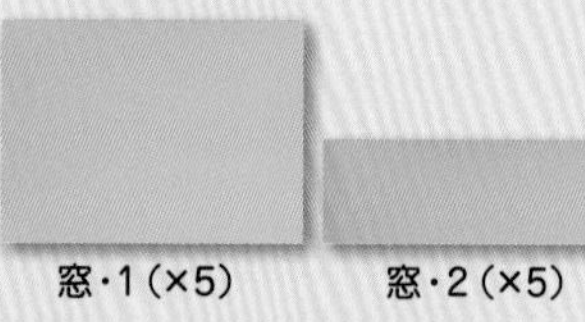

窓・1（×5）　窓・2（×5）

※裏に画用紙をはると、ホルダーから引き出しやすくなります。

窓・1は、A4サイズの色画用紙。
窓・2は9～10cmの高さに切っておく。
※セットごとに変えるなど、色は自由です。

（ニンジンの車）

モノクロデータを印刷して着色、またはカラーデータを印刷する

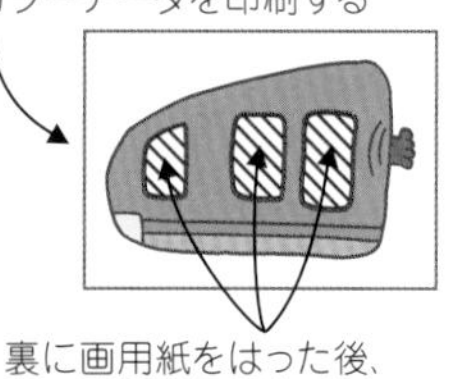

裏に画用紙をはった後、窓の内側を切り抜く
※ほかの絵人形も同様にして作る

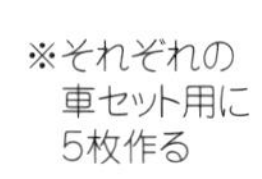

（タイヤを付けたA4サイズのクリアホルダー）

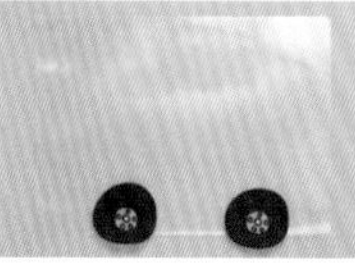

※それぞれの車セット用に5枚作る

「車セット」の作り方

上からニンジンの車、窓・1、窓・2、ウサギの4枚を順に重ね、タイヤを付けたクリアホルダーに入れる。同様にセットした物を全部で5つ用意しておく（ゴリラ／ブタ／おに／コック）。

1 「のりもの GO!　GO!　GO!」の歌をうたう。

♪のりもの　ゴーゴー
　のりもの　ゴゴゴー
　だれが　「のってる？」
　みてみよう

「ニンジンの車セット」を出す。

保育者　**あらあら、何か出てきたよ。**
　　　　　いったい何かな？

子どもたちに問いかける。

ウサギ　**ピョンピョンピョン、もうすぐ着くよー。**

保育者　**あれ？　誰かの声がするよ。**
　　　　　誰かな、誰かな？　窓を開けてー。
　　　　　みんなも一緒に言ってみて。

子どもたちと一緒に答えを考えながら、窓・1を抜く。

保育者　**あら？　見えてきたよ。誰かな？**
　　　　　もうわかったかな？

子どもたちに問いかける。

保育者　**じゃあ、みんなで一緒に呼んでみようね。**

みんな　**ウサギさーん。**

2

窓・2を抜く。

保育者　**大正解！　ウサギさんだね。**
ウサギさんはどこに行くのかな？

ウサギ　**僕たちは今から**
だーい好きなところに行くよ。

保育者　**大好きなところ？　どこかな？**
どこかな？

子どもたちに問いかける。

ウサギ　**あっ、着いたよ、着いたよ。ここだよ。**

ホルダーからウサギの絵を抜いて、前に出す。

ウサギ　**ニンジン畑に到着！　さあ、抜くぞー。**

保育者　**すごい！　大きなニンジンだね。**

「ニンジンの車セット」を下げる。

3

「のりもの GO!　GO!　GO!」の歌をうたう。

♪のりもの　ゴーゴー　のりもの　ゴゴゴー
だれが　「のってる？」　みてみよう

「バナナの車セット」を出す。

保育者　**あらあら、今度はこんな車が来たよ。いったい何かな？**

子どもたちに問いかける。

ゴリラ　**ウッホッホー、ウッホッホー、もうすぐ到着！**

保育者　**あれ？　誰かの声がするよ。誰かな、誰かな？**
窓を開けてー。みんなも一緒に言ってみて。

子どもたちと一緒に答えを考えながら、窓・1を抜く。

保育者　**あら？　見えてきたよ。誰かな？　もうわかったかな？**

子どもたちに問いかける。

保育者　**じゃあ、みんなで一緒に呼んでみようね。**

みんな　**ゴリラさーん。**

4

窓・2を抜く。

保育者　**大正解！　ゴリラさんだね。**
ゴリラさんはどこに行くのかな？

ゴリラ　**僕はもう家に帰るんだ。だって、**
とっても大好きな物を採ってきたからね。

保育者　**大好きな物？　何かな？　何かな？**

子どもたちに問いかける。

ゴリラ　**あっ、着いたよ、着いたよ。よいしょっと。**

ホルダーからゴリラの絵を抜いて、前に出す。

ゴリラ　**今からこの大きなバナナを食べるんだー。**

保育者　**すごい！　大きなバナナだね。**

「バナナの車セット」を下げる。

5

「のりもの GO! GO! GO!」の歌をうたう。

♪のりもの　ゴーゴー　のりもの　ゴゴゴー
だれが「のってる？」　みてみよう

「鼻の車セット」を出す。

保育者　**またまた車がやって来たよ。いったい何かな？**
子どもたちに問いかける。
ブタ　**ブヒブヒブー、ムシャムシャムシャ、**
もう食べすぎだなあ。
保育者　**あれ？　誰かの声がするよ。**
誰かな、誰かな？　窓を開けてー。
みんなも一緒に言ってみて。
子どもたちと一緒に答えを考えながら、窓・1を抜く。
保育者　**あら？　見えてきたよ。誰かな？**
もうわかったかな？
子どもたちに問いかける。
保育者　**じゃあ、みんなで一緒に呼んでみようね。**
みんな　**ブタさーん。**

6

窓・2を抜く。
保育者　**大正解！　ブタさんだね。**
あれ？　窓から何か見えるよ。
ブタ　**ムシャムシャムシャ、**
おいしい、おいしい。
保育者　**あれ？　ブタさん、**
何か食べているのかな？
子どもたちに問いかける。
ブタ　**あっ、着いた、着いた。**
もう食べすぎて眠たいなあ。
ホルダーからブタの絵を抜いて、前に出す。
ブタ　**がまんできなくて、**
だーい好きなリンゴを
食べすぎちゃった。
保育者　**おなか、ポンポンだね。**
「鼻の車セット」を下げる。

7

「のりもの GO! GO! GO!」の歌をうたう。

♪のりもの　ゴーゴー　のりもの　ゴゴゴー
だれが「のってる？」　みてみよう

「パンツの車セット」を出す。
保育者　**あらあら、また何か出てきたよ。いったい何かな？**
子どもたちに問いかける。
おに　**ドンドンドコドン、ドンドコドン、**
もうすぐ着くよー。
保育者　**あれ？　誰かの声がするよ。**
誰かな、誰かな？　窓を開けてー。
みんなも一緒に言ってみて。
子どもたちと一緒に答えを考えながら、窓・1を抜く。
保育者　**あら？　見えてきたよ。誰かな？　もうわかったかな？**
子どもたちに問いかける。
保育者　**じゃあ、みんなで一緒に呼んでみようね。**
みんな　**おにさーん。**

8

窓・2を抜く。

保育者　**大正解！　おにさんだね。**
おにさんはどこに行くのかな？

おに　**ドンドコドンドン、**
おうちに帰るのさ。
太鼓の練習だ！

保育者　**おにさんのおうち、**
どんなところかな？

子どもたちに問いかける。

おに　**あっ、着いたよ、着いたよ。**
ここだよ。

ホルダーからおにの絵を抜いて、前に出す。

おに　**さあ着いたよ！！**
みんな、よかったらあそんでいくかい？
太鼓をたたくよー。

保育者　**う、うん、今日はちょっと。**
おにさん、また今度ね。

「パンツの車セット」を下げる。

9

「のりもの GO!　GO!　GO!」の歌をうたう。

♪のりもの　ゴーゴー　のりもの　ゴゴゴー
だれが　「のってる？」　みてみよう

「ケーキの車セット」を出す。

保育者　**あらあら、何か出てきたよ。いったい何かな？**

子どもたちに問いかける。

コック　**どこかな、どこかな？　この辺かな？**
もうすぐ着くよー。

保育者　**あれ？　誰かの声がするよ。誰かな、誰かな？**
窓を開けてー。みんなも一緒に言ってみて。

子どもたちと一緒に答えを考えながら、窓・１を抜く。

保育者　**あら？　見えてきたよ。誰かな？**
もうわかったかな？

子どもたちに問いかける。

保育者　**じゃあ、みんなで一緒に呼んでみようね。**

みんな　**コックさーん。**

10

窓・２を抜く。

保育者　**大正解！　コックさんだね。**
コックさんはどこに行くのかな？

コック　**あれ、あれ？　この辺かな？**
今日はお誕生日会があるって
聞いたんだけど。

保育者　**えっ、お誕生日会？**
もしかしてお誕生日のお友達いる？

子どもたちに問いかける。

保育者　**あっ、いたいた！**
お誕生日のお友達、ここだよ！！

コック　**ふう、着いた着いた。**

ホルダーからコックの絵を抜いて、前に出す。

コック　**すてきな誕生日ケーキを作ってきたよー。**

保育者　**すごい！**
さあ、みんなでお誕生日会をしましょう！！
お誕生日おめでとう！！

おしまい

イラスト／浦中こういち　作り方イラスト／高橋美紀　出演／浦中こういち

作家プロフィール

※本書掲載順に紹介します。

南 夢未

「あそび工房ゆめみ」主宰。子育て支援で活動するかたわら、保育雑誌の執筆や保育者向けの講習会なども行っている。中でも0・1・2歳児向けのちょこっとあそびが人気を博している。

乳児造形研究会

保育書・保育雑誌の編集者、保育者等、0・1・2歳児のあそびについて関心をもつメンバーが集まり、これからの子どもたちのあそびについて考察を重ね、アイディアを出し合うグループ。

山本省三

絵本作家。コピーライターを経て、絵本、童話、紙芝居、パネルシアターなど、子どもたちにかかわるさまざまな分野で活躍中。日本児童文芸家協会理事長。

入江浩子

2015年から川崎ちさととの現役保育士ユニット「すかんぽ」を結成、活動中。「こんなあそびがあったらいいね」という思いから生まれた、あそび歌やパネルシアターを作っている。

近藤みさき

公立保育園に勤務後、2020年4月より、まちのてらこや保育園園長。保育雑誌などで保育者向けにカードシアターやパネルシアター、保育情報などの執筆も手がける。

リボングラス

保育の分野を専門とする編集プロダクション。多くの保育書・保育雑誌の企画・編集にかかわるとともに、造形あそびや手作りおもちゃ、製作、シアター等では、アイディア部分から手掛けることも多い。

すえっこ

山梨県の現役保育士。いとこ同士の鈴木木乃実、深澤亮が結成したユニット。日々の保育で感じていることを盛り込んで、子どもたちがすぐに楽しめるあそび歌やシアター等を考案している。

山本和子

童話作家。工作、シアター案、合唱曲の作詞、工作とあそびの本の企画制作なども手掛ける。児童館などで工作指導のほか、保育絵本、保育雑誌などの執筆も行っている。

小倉げんき

NPO法人ぞうさん福祉一の会理事長、子どものお家 ぞうさん保育園園長。現場ならではの0・1・2歳児向けのあそびを考案。あそび歌作家としても活躍している。

浦中こういち

イラストレーター、絵本・あそび作家。保育園勤務後、三重県を拠点に全国の保育園、幼稚園であそびの実演や保育者向け講習会などを行う。絵本執筆、あそび歌、パネルシアター作りなど幅広く活躍中。

STAFF

●シアター案／入江浩子　浦中こういち　小倉げんき　近藤みさき　すえっこ　乳児造形研究会　南 夢未　山本和子　山本省三　リボングラス
●イラスト／青木菜穂子　有澤好洋　池田蔵人　いとう・なつこ　内海ひろし　浦中こういち　かいちとおる　しぶたにゆかり　鈴木えりん　たかぎ*のぶこ　高瀬のぶえ　西片拓史　町塚かおり　三橋絵里子　冬野いちこ　よしだじゅんこ　わたいしおり
●絵人形製作／いとう・なつこ　高瀬のぶえ　たけなかさおり　やべ りえ
●作り方イラスト／小早川真澄　高橋美紀　リボングラス
●楽譜／フロム・サーティ
●表紙・本文デザイン・CD盤面デザイン／福田みよこ
● PDFデータ作成／小早川真澄　福田みよこ　リボングラス
●撮影／冨樫東正　GOOD MORNING（戸高康博）
●出演／クラージュ　スペースクラフト　入江浩子　浦中こういち　岡田浩実　小倉げんき　鹿島香織　金重家如　出口たかし　萩原明日香　南 夢未
●校閲／草樹社
●編集・制作／リボングラス（若尾さや子　加藤めぐみ）